Sabine Wacker

Basenfasten
kurz & b

- verstehe
- anwende
- wohlfühle

Inhalt

Was ist das überhaupt – »Basenfasten«? 9

Fasten ohne Hungern 10
Was sind »Säurebildner«? 12

Was bringt mir Basenfasten? 15

Ihre ganz persönlichen Gründe fürs Basenfasten 16
Abnehmen mit Basenfasten 17
Basenfasten für die Schönheit 17
Älter werden ohne Angst 19
PMS – die Tage vor den Tagen 20

Mit Basenfasten gegen Zivilisationskrankheiten 21
Osteoporose – Knochenschwund durch Säure? 21
Der Mensch ist so alt wie seine Gefäße 26

Inhalt

Wie funktioniert Basenfasten? 29

Die Basenfasten-Basics 30
Mit der richtigen Motivation läuft alles wie von selbst 30
Auf den Tisch kommt nur, was Basen bildet 31
Ein reiner Darm macht Basenfasten leichter 36
Bewegung ist lebenswichtig 38
Nur wer nachts schläft, ist tagsüber fit 39

Mit Basenfasten durch den Tag 47
Die Basenfasten-Grundausstattung 48
Das Basometer 50

Die Basenfasten-Rezepte 56
Rezeptideen zum Frühstück 56
Rezepte für den Mittagstisch 59
Rezepte für Mittag und Abend 62
Snacks und Naschereien 70

Inhalt

Meine persönliche Erfolgskontrolle 73

Die kurz & bündig-Erfolgskontrolle 74
kurz & bündig-Erfolgskontrolle: Wie gut entsäuern Sie? 74
kurz & bündig-Erfolgskontrolle: Wie sieht Ihr Basenprofil aus? 76
kurz & bündig-Erfolgskontrolle: Was hat sich verbessert? 78

Was kann ich sonst noch tun? 81

Bewegung bringt Körper und Seele in Schwung 82
Geschmeidigkeit und Harmonie durch Yoga 82
Bewegung an der frischen Luft 84
Schwimmen 85
Wellness in der Basenfasten-Woche 85

Wie geht's weiter – nach Basenfasten?   88
Was soll ich im Alltag essen?   88
Das Langzeitprogramm: überwiegend basisch   89

Immer wieder Basenfasten   92
Der Basenfasten-Tag zwischendurch   93

Literatur   94

Zu diesem Buch

»Fasten, Fasten – das war doch das mit ›tagelang nichts essen‹ oder ›Nee nee, danke, nichts für mich, da wird mir schon bei dem Gedanken ganz flau, und tschü …‹« – Halt, halt, Moment mal! Bevor Sie jetzt das schöne Buch wieder weglegen: Bei BASENfasten dürfen Sie was essen! Es geht hier darum, überschüssige Säuren aus dem Körper auszuschleusen, die viele Zivilisationskrankheiten wie Allergien, Rheuma, Neurodermitis, Asthma, Migräne, Reizdarm, Infektanfälligkeit, Osteoporose, Herzkrankheiten, chronische Verstopfung, Nasennebenhöhlenentzündung und Nierenerkrankungen hervorrufen oder begünstigen. Dazu essen Sie eine Weile nur basische Nahrungsmittel. Diese machen die Säuren, die im Körper gespeichert sind, unschädlich und sorgen dafür, dass sie abtransportiert und ausgeschieden werden.

Deshalb gönnen Sie sich einen Kurzurlaub von der säurebildenden Zivilisationskost. Sie werden die Auswirkungen an einem intensiven Wohlgefühl spüren – von der Vorbeugung gegen alle möglichen Krankheiten und Beschwerden ganz zu schweigen.

Basenfasten ist ganz einfach

Während der Basenfasten-Zeit dürfen Sie eigentlich ganz normal essen – Sie lassen lediglich alle säurebildenden Nahrungsmittel weg. Sie können alles essen, was Basen bildet – so lange, bis Sie satt sind. Im Gegensatz zum traditionellen Fasten arbeitet Ihr Stoffwechsel dabei unverändert weiter, nur die säurebildenden Belastungsfaktoren fallen weg. So wird der Körper schonend entschlackt, entsäuert und entgiftet. Im Vergleich zum traditionellen Fasten wird

Zu diesem Buch

Ihr Organismus wesentlich weniger strapaziert, so dass bei Basenfasten fast nie gesundheitliche Problem auftreten – was beim völligen Verzicht auf feste Nahrung über einen längeren Zeitraum hinweg durchaus vorkommen kann.

Basenfasten hingegen können Sie ohne Probleme in Ihren beruflichen Alltag einbauen. Sie bleiben fit und leistungsfähig und können sogar weiterhin Ihren sportlichen Hobbys nachgehen. Hoffentlich haben Sie welche. Nein? Dann sollten Sie erst recht Basenfasten ausprobieren! Basenfasten eignet sich für alle Menschen, die etwas für sich und ihre Gesundheit tun möchten. Wer gesund ist, kann seine Gesundheit erhalten, wer krank ist, kann seine Gesundheit wiedererlangen.

Sabine Wacker

Was ist das überhaupt – »Basenfasten«?

Basenfasten ist eine milde Form des Fastens, bei der Sie für einige Zeit nur auf die Säurebildner in der Nahrung verzichten. Das entsäuert, baut Schlacken ab und hilft Ihnen, fit und gesund zu bleiben. Und ganz nebenbei tun Sie auch noch etwas für Ihre Figur!

Fasten ohne Hungern

Basenfasten ist eine Weiterentwicklung des Fastens, eines der ältesten Naturheilverfahren der Welt. Fasten ist – wie unzählige Berichte belegen – für viele Menschen ein echter Jungbrunnen, eine Auszeit, um Körper und Geist wieder ins Gleichgewicht zu bringen. Aber eine Woche gar nichts essen? Das ist ganz schön hart. Wenn Sie schon immer einmal fasten wollten, sich aber nie durchringen konnten, völlig auf Nahrungsmittel zu verzichten, dann ist Basenfasten genau das Richtige für Sie. Zudem ist Basenfasten durchaus alltagstauglich und lässt sich leicht ins Familien- und Berufsleben einbauen.

Werden Sie experimentierfreudig und lernen Sie die Welt der Basenbildner kennen. Sie können sich Ihre Basenfasten-Zeit so gestalten, wie es in Ihren Alltag passt und wie es Ihnen am besten gefällt: mit einfachen oder mit raffinierten Rezepten – Hauptsache, Sie fühlen sich dabei wohl und Ihr Körper kann währenddessen entsäuern. Beim Basenfasten dürfen Sie alles essen, was der Körper basisch verstoffwechseln kann: Obst, Gemüse, Kräuter, frische Keimlinge und einige Nüsse.

Während der Basenfasten-Zeit dürfen Sie eigentlich ganz normal essen – Sie lassen lediglich alle Säure bildenden Nahrungsmittel weg. Im Gegensatz zum Heilfasten arbeitet Ihr Stoffwechsel dabei unverändert weiter – nur die Belastungsfaktoren entfallen. So wird der Körper entschlackt, entsäuert und entgiftet, ohne dass Sie hungern müssen. Dadurch wird Ihr Organismus im Vergleich zum traditionellen Heilfasten wesentlich weniger strapaziert. Basenfasten können Sie ohne Probleme in Ihren beruflichen Alltag einbauen. Sie können auch weiterhin Ihren sportlichen Hobbys nachgehen, denn Sie bleiben fit und leistungsfähig.

Fasten ohne Hungern

Basenfasten? Nichts einfacher als das!

Einsteigern empfehle ich zunächst eine Woche Basenfasten. Je nach gesundheitlichem Bedürfnis können Sie Basenfasten aber auch um ein, zwei, drei, vier oder mehr Wochen verlängern. Ausnahme: Wenn Sie zu Untergewicht neigen, sollten Sie eine Woche nicht überschreiten. Legen Sie dann lieber hin und wieder einen basischen Tag ein. Wichtig ist die langfristige Umstellung Ihrer Ernährungs- und Lebensweise. Die Basenfasten-Woche ist eine Zeit zum Umdenken, um die Weichen für eine gesundheitsbewusstere Ernährungs- und Lebensweise in der Zeit danach zu stellen.

Was ist das überhaupt – »Basenfasten«?

Was sind »Säurebildner«?

Der sogenannte Säure-Basen-Haushalt ist einer von vielen Regulierungsmechanismen des Organismus, um unsere komplizierten körperlichen Funktionen aufrechtzuerhalten. Ideal wäre eine Ernährung wie zu Urzeiten, die zu 70 bis 80 Prozent aus Basen bildenden Nahrungsmitteln besteht. Moderne Zivilisationskost, wie sie hierzulande üblich ist, besteht jedoch zu 80 bis 100 Prozent aus Säurebildnern. Dazu gehören Wurst, Fleisch, Käse, Brot, Nudeln, Süßigkeiten und Getränke wie Kaffee, Schwarztee, Früchtetee, Alkohol, Eistee und Limonaden. Eine genaue Aufstellung finden Sie im unten stehenden Kasten.

Säurebildende Nahrungsmittel

- Fleisch, Fleischbrühe, Wurstwaren, Schinken
- Fische und Schalentiere
- Milch und Milchprodukte (auch fettarme), wie Quark, Joghurt, Kefir und alle Käsesorten, auch von Schaf und Ziege
- Senf, Essig, Ketchup, Sauerkonserven
- Hülsenfrüchte (Erbsen, Bohnen, Linsen)
- Spargel, Rosenkohl, Artischocken
- alle Nüsse außer Mandeln und frischen Walnüssen
- alle Arten von Getreide und Getreideprodukten, wie Pizza, Nudeln, Reis, Brötchen, Brot und anderes Gebäck sowie Vollkornprodukte, Hirse, Dinkel, Amaranth und Quinoa
- Zucker, Süßigkeiten, Eis, auch Wasser-, Soja- und Joghurteis, Honig
- gehärtete, raffinierte Fette und Öle, auch Margarine, billige Salatöle

- kohlensäurehaltige Getränke wie Mineralwasser, Limonaden, Cola
- Kaffee, Getreide-, Instant-, koffeinfreier Kaffee
- schwarzer, grüner, weißer Tee, Eistee
- Früchtetee
- Alkohol

Die folgenden Lebensmittel sind keine Säurebildner, aber beim Basenfasten trotzdem nicht erlaubt:
- Eier
- Sahne, Butter
- Soja und Sojaprodukte
- Knoblauch, Bärlauch
- Roiboostee, Matetee

Nicht nur die Ernährung hat einen großen Anteil an der chronischen Übersäuerung – auch die Lebensweise beeinflusst den Säure-Basen-Haushalt. Nicht umsonst sagt man: »Ich bin total sauer!« Stress, Trägheit und Verkrampfung machen Sie sauer – gute Gedanken, Motivation und Spaß am Leben hingegen lassen den Säurepegel sinken.

Seelische Säurebildner

- Stress, Hetze, Demütigungen
- hastiges Essen, Geschäfts- und Kantinenessen
- Bewegungsmangel, aber auch übertrieben hartes Training, Leistungssport
- Schlafmangel
- negative Emotionen wie Angst, Wut, Ärger

KAPITEL 2

Was bringt mir Basenfasten?

Sie leiden unter Akne? Sind ständig müde? Fühlen sich nicht so fit, wie Sie es möchten? Sie wollen etwas für Ihre Gesundheit tun? Gegen Zivilisationskrankheiten vorbeugen? – Es gibt Dutzende von Gründen fürs Basenfasten. Gute Gründe!

Ihre ganz persönlichen Gründe fürs Basenfasten

Chronische Übersäuerung führt auf lange Sicht zu chronischen Erkrankungen. Dagegen können Sie etwas tun – entsäuern! Ein bis zwei Wochen Basenfasten und danach eine ausgewogene Ernährung, die den Säure-Basen-Haushalt ausgleicht, ist die beste Gesundheitsgarantie, für die Sie selbst etwas tun können.

Basenfasten eignet sich für alle Menschen, die etwas für sich und ihre Gesundheit tun möchten. Es gibt Erfolge bei Allergien, Rheuma, Neurodermitis, Asthma, Migräne, Akne, Durchfall, Reizdarm, Wechseljahresbeschwerden, Magen-Darm-Erkrankungen, Verstopfung, chronischen Nasennebenhöhlenentzündungen, Infektanfälligkeit, unerfülltem Kinderwunsch und bei chronischen Nierenerkrankungen. Lediglich während der Schwangerschaft und Stillzeit ist Basenfasten nicht zu empfehlen, da man während dieser Zeit auf jede Entgiftungsmaßnahme verzichten sollte.

Säuren schaden besonders Frauen, denn sie blockieren den Hormonstoffwechsel und bedingen so die »typisch weiblichen« Probleme: hormonabhängige Stimmungsschwankungen, Hautprobleme wie Akne und Orangenhaut, Schweißausbrüche, Schlafstörungen, depressive Verstimmungen, Kopfschmerzen, Regelschmerzen, Spannungsgefühle in den Brüsten und Wassereinlagerungen im Gewebe.

Abnehmen mit Basenfasten

Besonders gut eignet sich Basenfasten zur dauerhaften Gewichtsreduktion. Die vielen positiven Erfahrungen in der Praxis haben gezeigt, dass gerade die Ernährungsumstellung, die hinter dem Konzept Basenfasten steckt, wesentlich zum Erfolg beiträgt. Eine dauerhafte Gewichtsabnahme erfordert allerdings eine Verlängerung des normalen 7-Tage-Basenfasten-Programms um ein bis vier Wochen. Danach wird die Ernährung langfristig auf »überwiegend basisch« umgestellt. Täglich 30 bis 45 Minuten sportliche Betätigung rundet das Programm ab.

Basenfasten für die Schönheit

Basenfasten kann wahre Wunder wirken, wenn es ums Aussehen geht. Eine gute Figur, ein strahlender Blick, reine und rosige Haut – das ist für die meisten Menschen der Inbegriff von Schönheit. Zum Glück gibt es ganz einfache und gesunde Methoden, um schlank und vital zu werden und eine reine Haut zu bekommen. Die richtige Ernährung und regelmäßige Bewegung sind der Schlüssel dazu.

Eine gute Figur ist zum einen vom Körpergewicht, zum anderen vom Muskelzustand abhängig. Ihre Idealfigur erreichen Sie folglich durch Ernährungsumstellung und Muskeltraining – mit anderen Worten: durch Bewegung.

Beides zusammen funktioniert hervorragend, aber nur auf lange Sicht. Machen Sie keine schnellen Fett-weg-Diäten, die Ihren Stoffwechsel stressen, nur um sich danach wieder »saures« Fastfood einzuverleiben. Und bleiben Sie in Bewegung. Nur durch regelmäßigen Sport können Sie – in Verbindung mit vitalstoffreicher Ernährung – dauerhaft die

Was bringt mir Basenfasten?

Muskulatur und das Bindegewebe festigen. Beginnen Sie mit zwei bis drei Wochen Basenfasten und treiben Sie vier- bis fünfmal pro Woche Sport. Behalten Sie danach eine basenüberschüssige Ernährung und regelmäßigen Sport bei. Dann gehören Ihre Figurprobleme bald der Vergangenheit an.

Vor allem in der Pubertät sind viele Jugendliche von unreiner Haut geplagt, die auch in späteren Lebensjahren phasenweise immer wieder auftritt. Eine überwiegend basische Ernährung kann selbst hartnäckige Akne dauerhaft beseitigen. Bereits nach wenigen Tagen Basenfasten werden – zum Teil erhebliche – Hautverbesserungen sichtbar.

Neben unreiner Haut und Fettpölsterchen ist Cellulite (Orangenhaut, vor allem an Hüften, Po, Oberschenkeln und Oberarmen) wohl einer der gefürchtetsten Schönheitsmakel. Bei der Cellulite handelt es sich um eine Stoffwechselstörung des Bindegewebes, in deren Verlauf es zu geballten Fetteinlagerungen im Unterhautgewebe kommt. Fett ist natürlicherweise immer im Unterhautgewebe vorhanden, wird aber normalerweise ständig ab- und neu aufgebaut. Bei Stoffwechselstörungen des Bindegewebes werden die alten Fette nicht schnell genug abgebaut und es kommt zu einer Ansammlung von Fett-»Klumpen«, die im Laufe der Zeit zäh werden und sich verfestigen.

Cellulite ist verbunden mit Symptomen wie Hautjucken und vermehrter Wasserbindung im Unterhautgewebe mit Spannungsgefühl. Hochgradige Cellulite kann sogar zur Gewebsschädigung führen. In der Erfahrungsheilkunde weiß man seit längerer Zeit, dass die der Cellulite zugrunde liegende Stoffwechselstörung des Bindegewebes in engem Zusammenhang mit chronischer Übersäuerung steht. Es ist nicht verwunderlich, dass immer jüngere Menschen Cellulite bekommen, wenn man sich die Ernährung der Jugendlichen anschaut: Fastfood, Weißmehlprodukte, Süßigkeiten, viel tierisches Eiweiß, Softdrinks – alles Säurebildner.

Älter werden ohne Angst

Älterwerden muss nicht gleichbedeutend sein mit einem Verlust an Lebensfreude. Das Altern ist ein natürlicher Vorgang, der mit einem seelischen Reifeprozess einhergeht. Das kann Sie zu einem erfahrenen Menschen mit entsprechender Lebensqualität machen – wenn Sie die Veränderungen innerlich annehmen. In anderen Kulturen, zum Beispiel in Asien, begrüßen die Menschen das Altern als Zeichen zunehmender Weisheit und Würde.

Das Geheimnis fernöstlicher Gelassenheit – wie es auch im Ayurveda gelehrt wird – ist das Leben im Hier und Jetzt. Das heißt nichts anderes, als sich in allen Lebensphasen so anzunehmen, wie man eben ist. Als älter werdender Mensch haben Sie viel erlebt und viel Erfahrung gesammelt – stehen Sie dazu! Wenn Sie sich gesund ernähren und regelmäßig bewegen, dann liegen viele schöne Jahre des Älterwerdens vor Ihnen.

Was bringt mir Basenfasten?

PMS – die Tage vor den Tagen

Bei PMS, dem prämenstruellen Syndrom, treten vielfältige Symptome auf, die auch mit Gemütsveränderungen einhergehen. Häufig werden Frauen, die PMS haben, nicht ernst genommen, was den Leidensdruck noch verstärkt. Die prämenstruelle Phase beginnt ab dem Eisprung, also in der Regel um den 14. Zyklustag, und endet mit dem Einsetzen der Regelblutung. Man geht davon aus, dass PMS durch einen Progesteronmangel ausgelöst wird, dessen Ursache unbekannt ist. Frauenärzte haben aber bestätigt, dass eine basenüberschüssige Ernährung die Symptome von PMS deutlich vermindert.

Gut zu wissen

Symptome des prämenstruellen Syndroms (PMS)

- Kreislaufprobleme
- Antriebsschwäche
- Spannungsgefühl in den Brüsten
- Krämpfe im Unterleib
- Neigung zu Wasseransammlung im Körper, Gewichtszunahme
- Kopfschmerzen, Migräne
- Völlegefühl, Verstopfung
- Depressive Verstimmung

Mit Basenfasten gegen Zivilisationskrankheiten

Einige ernste Krankheiten werden auf überschüssige Säuren im Körper zurückgeführt, darunter die zwei der schlimmsten Zivilisationskrankheiten: Herz-Kreislauf-Erkrankungen und Osteoporose (Knochenschwund).

Herz-Kreislauf-Erkrankungen sind die Todesursache Nr. 1 in den westlichen Industrieländern. Zwar sterben viele alte Menschen eines »natürlichen« Herztods, doch dass Menschen mittleren oder sogar jugendlichen Alters an Alterskrankheiten wie Arteriosklerose (Gefäßverkalkung) oder Schlaganfall sterben, ist sicher nicht »natürlich«. Dabei könnte jeder Einzelne, wie wissenschaftlich nachgewiesen, durch eine bewusste Lebensführung das Risiko für diese »Killer-Krankheiten« reduzieren!

Osteoporose gehört laut Weltgesundheitsorganisation (WHO) zu den zehn Krankheiten in Deutschland mit den höchsten Therapiekosten. Man geht von 7 Millionen Bundesbürgern aus, die daran leiden: jede dritte Frau und jeder fünfte Mann – eine Volkskrankheit also.

Osteoporose – Knochenschwund durch Säure?

Eine wirklich gravierende Gefahr, vor allem für Frauen, ist Osteoporose. Diese schleichende Zermürbung der Knochen betrifft zwar fast nur ältere Menschen. Die Weichen dafür, ob Sie kerzengerade oder krumm gebeugt durch Ihre späteren Jahre gehen, werden aber in der Jugend gestellt!

Was bringt mir Basenfasten?

Gut zu wissen

Was ist Osteoporose?

Osteoporose ist eine Knochenveränderung, die mit einem Verlust an Knochenstruktur und Knochenmasse einhergeht. Die Folge dieser Strukturveränderungen sind ein erhöhtes Risiko, einen Knochenbruch zu erleiden, sowie schmerzhafte Skelettveränderungen und hohe Einbußen an Kraft und Beweglichkeit.

Osteoporose beginnt schleichend und zeigt sich häufig erst, wenn es zu Knochenbrüchen kommt; meist sind Oberschenkelhals und Wirbel betroffen. Bei ausgeprägter Osteoporose kommt es zur Ausbildung eines Rundrückens, dem sogenannten Witwenbuckel, mit Atmungseinschränkungen und Schmerzen.

Die Knochen unterliegen im Laufe des Lebens einem ständigen Auf- und Abbauprozess. Es gibt Knochen aufbauende Zellen, sogenannte Osteoblasten, und Knochen abbauende Zellen, die Osteoklasten. Wenn die Tätigkeit dieser gegensätzlich arbeitenden Zellen im Gleichgewicht ist, dann ist der Knochen richtig zusammengesetzt. Mit dem Älterwerden geht ein verstärkter Knochenabbau einher, es handelt sich also um einen natürlichen Alterungsprozess. Problematisch wird es dann, wenn die Tätigkeit der Knochen abbauenden Zellen zu stark beschleunigt wird. Ist das längere Zeit der Fall, dann entsteht Osteoporose.

Lange Zeit hat man geglaubt, der Abbau der Knochenmasse und Knochenstruktur sei hauptsächlich durch Kalziummangel verursacht, und setzte daher auf eine Therapie mit Kalziumtabletten und Milchprodukten. Osteoporose ist jedoch mehr als nur ein Kalziumproblem. So weiß man schon lange, dass unter dem Einfluss von Vitamin D_3 Kalzium überhaupt erst in die Knochen eingebaut werden kann. Vitamin D wird teilweise unter Einfluss von UV-Strahlen unter der Haut gebildet. Außerdem ist nicht nur Kalzium am Aufbau der Knochenstruktur beteiligt, auch andere Mineralien wie Fluor, Kupfer und Magnesium sind für den Aufbau und die Elastizität des Knochens wichtig. Seit einigen Jahren weiß man zudem, dass dem Phosphat eine entscheidende Rolle beim verstärkten Knochenabbau zukommt.

Osteoporose hängt ursächlich mit einer chronischen Übersäuerung des Organismus zusammen. Wenn ein Mensch zu

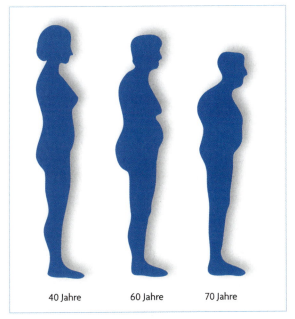

So ändert sich die Silhouette des Menschen.

Was bringt mir Basenfasten?

viele Säurebildner zu sich nimmt oder durch Stress zu viele Säuren bildet, dann werden die Säureüberschüsse vom Stoffwechsel abgefangen – man nennt das abpuffern –, damit die Säuren keine Schäden anrichten können. Der Körper greift dabei auf seine Basendepots zurück. Die größten davon befinden sich in den Knochen. Die basische Substanz, die den Knochen zur Abpufferung der Säureüberschüsse entzogen wird, ist in der Hauptsache Kalziumphosphat. Dieses ist aber auch genau die Substanz, die der Knochen für seine Härtung und Struktur braucht. Übersäuerung macht also die Knochen weich.

Prof. Dr. Peter Bung von der Universitätsfrauenklinik Bonn fordert dementsprechend als Vorbeugung gegen Osteoporose eine kalziumreiche, überwiegend vegetarische Kost, da ein hoher Fleischkonsum für die Knochengesundheit von Nachteil sei. Auch die Milch ist nicht sein Favorit. Er weist darauf hin, dass der Körper nur 30 Prozent des Kalziums aus der Milch aufnehmen kann. Er empfiehlt Brokkoli, Rüben und Blattgemüse, um den Kalziumbedarf zu decken. Auch einer Untersuchung der University of California zufolge beugen pflanzliche Lebensmittel dem Knochenschwund

Gut zu wissen

Kalziumreiche basische Lebensmittel

- Sesam
- Rucola
- Brennnessel
- Löwenzahn
- Alle Kressearten
- Mandeln
- Frische Sprossen von Rucola, Kresse, und Sonnenblumenkerne

besser vor als tierische, also auch als Milch. In vielen Basenbildnern wie Kräutern, Samen und vielen Gemüsesorten ist viel gut verwertbares Kalzium enthalten. Sesam beispielsweise enthält mehr als doppelt so viel Kalzium wie Kuhmilch!

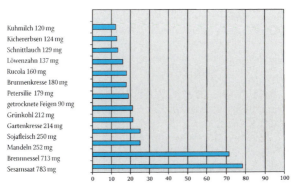

Kalziumgehalt in 100 g Lebensmittel

Außer der Ernährung ist auch Bewegung – wie man nicht oft genug betonen kann – ein ganz entscheidender Knochen aufbauender Faktor, der leider immer noch zu wenig Beachtung findet. Auch wenn die Osteoporose bereits eingesetzt hat, schafft Bewegung Besserung. Sport aktiviert den mit zunehmendem Alter langsamer werdenden Stoffwechsel, das hält auch die Knochen fit. Zahlreiche Beobachtungen zeigen, dass Bewegung und moderate Belastung das beste Heil- und Vorbeugemittel für die Knochen ist.

Was Sie tun, ist egal – Hauptsache, Sie tun es regelmäßig. Schwimmen, Fitnesstraining, Joggen, Walken, Nordic Walking, Laufen, Gehen, Gymnastik – am besten täglich.

Was bringt mir Basenfasten?

Gut zu wissen

So schützen Sie sich vor Osteoporose

- Ein bis zwei Wochen Basenfasten im Jahr
- Umstellung der Ernährung nach der 80:20-Regel: 80 Prozent Basenbildner wie Obst und Gemüse, nur 20 Prozent Säurebildner wie Fleisch, Getreide, Milchprodukte
- Täglich oder wenigstens fünfmal wöchentlich 45 Minuten körperliche Bewegung
- Stress abbauen, Ärger vermeiden, entspannen

Der Mensch ist so alt wie seine Gefäße

Herzinfarkt, Arterienverkalkung, Schlaganfall: Gefäßkrankheiten sind der Killer Nr. 1 unter den körperlichen Gebrechen. Für Herz und Gefäße gilt dasselbe wie für die Osteoporoseprophylaxe: Basenüberschüssige Ernährung und viel körperliche Bewegung sind das beste Mittel, gesund alt zu werden. In frischen Kräutern, in Keimlingen und Gemüse sind viele solche Stoffe enthalten, vor allem in Brokkoli- und Senfsprossen. Pflanzliche Nahrung enthält überdies große Mengen an Ballaststoffen, die nicht nur die Verdauung in Gang bringen, sondern auch die Herzfunktion stärken.

Besonders ballaststoffreich und dabei gut verträglich sind Man-

Pflanzliche Lebensmittel schützen.

deln, Sesamsamen, Sonnenblumenkerne, Kürbiskerne, Leinsamen, Flohsamen, Äpfel, Bananen, Birnen, getrocknete Aprikosen, Sultaninen, Blumenkohl, frische Erbsen, Kartoffeln und alle frischen Keimlinge.

Gut zu wissen

Ballaststoffe senken das Infarktrisiko

Ballaststoffe sind Pflanzenfasern, deren Kohlenhydratanteil nicht verdaut werden kann. Dazu gehören Zellulose, Pektin und Lignin. Durch ihre Fähigkeit, sehr viel Wasser an sich zu binden, vermehren sie das Stuhlvolumen, machen den Darminhalt weicher und verbessern so die Darmleistung. Bei ihrer Passage durch den Darm nehmen sie schädliche Substanzen, zum Beispiel überschüssiges Cholesterin, »huckepack« und befördern sie nach draußen.

Ernährung ist aber nicht alles. Stress ist ein ganz entscheidender Risikofaktor für Herzinfarkt. Gerade wenn Sie ein stressanfälliger Mensch sind, dann sollten Sie weitere Infarktrisiken vermeiden, wie Übergewicht, Bluthochdruck, erhöhten Cholesterinspiegel und Bewegungsmangel. Vom Erlernen des »seelischen Abschaltens« durch Meditation, Yoga oder autogenes Training profitieren Sie besonders. Kurse dazu gibt es an privaten und öffentlichen Einrichtungen, zum Beispiel an den Volkshochschulen, aber auch in vielen Yoga- und Wellnesscentern. Auch einige Krankenkassen bieten Entstressungskurse an.

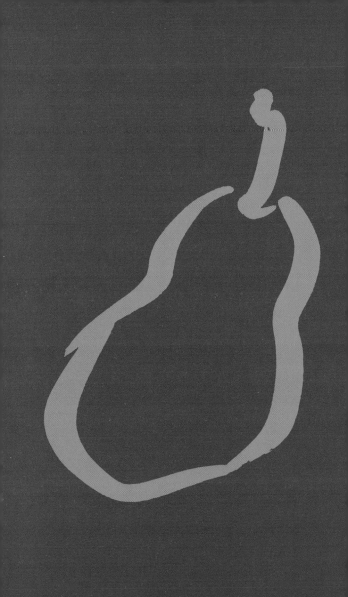

KAPITEL 3

Wie funktioniert Basenfasten?

Wie Basenfasten funktioniert, ist in einem Satz gesagt: Verzichten Sie für ein, zwei Wochen auf alle Säurebildner in der Nahrung, essen Sie nur Obst und Gemüse und trinken Sie 2,5 bis 3 Liter Wasser oder verdünnten Kräutertee pro Tag – und schon machen Sie Basenfasten.

Die Basenfasten-Basics

Basenfasten ist eigentlich ganz einfach. Aber damit Basenfasten von Anfang an ein Erfolgserlebnis für Sie wird, haben wir die Basics hier kurz und klar zusammengefasst.

Für alle Basenfasten-Einsteiger gilt: Erschrecken Sie nicht, wenn Sie beim Durcharbeiten der Basics merken, dass Sie das ein oder andere nicht sofort in die Tat umsetzen können. Die Basics zeigen Ihnen das Basenfasten-Ideal, das Sie anstreben sollen. Aber: Nobody's perfect und auch Sie müssen es nicht sein. Das würde nur Stress erzeugen – und der macht bekanntlich sauer. Am besten betrachten Sie die Basics nur als Orientierungshilfe.

Mit der richtigen Motivation läuft alles wie von selbst

Unterschätzen Sie nicht die positive Wirkung, die von einer guten Motivation ausgeht. Dass Sie sich freiwillig und mit Spaß an der Sache zum Basenfasten entschließen, ist daher sehr wichtig. Denn dann sind Sie schon motiviert – das

Gut zu wissen

Die Basenfasten-Basics

- Motivation
- Ernährung: 100 % basisch
- Genuss
- Trinken
- Darmreinigung
- Bewegung
- Erholung

reicht meist für ein, zwei Wochen Basenfasten. Trotzdem ist es sinnvoll, dass Sie sich jeden Tag aufs Neue fragen: »Warum will ich gerade jetzt etwas für meine Gesundheit tun?« Wollen Sie schlanker werden oder die Frühjahrsmüdigkeit überwinden? Wollen Sie allgemein etwas Gutes für sich tun? Wollen Sie eine Krankheit loswerden? Wenn Sie einmal gar nicht motiviert sind, dann besinnen Sie sich auf Ihre ursprünglichen Beweggründe. Versprechen Sie sich außerdem eine Belohnung: »Morgen gönne ich mir eine Massage«, »Wenn ich vier Kilo los bin, kaufe ich mir eine neue Hose und melde mich zu einem Tangokurs an«. Es gibt aber auch viele Menschen, denen Basenfasten so gut tut, dass sie gar keine Durchhalteparolen brauchen, sondern mit Begeisterung noch ein oder zwei Wochen verlängern.

Auf den Tisch kommt nur, was Basen bildet

Darauf kommt es beim Basenfasten an: Verzichten Sie während der Basenfastenzeit vollständig auf Säurebildner. Denn darin unterscheidet sich Basenfasten von allen anderen Diäten, die auf dem Markt sind. Basenfasten ist hundertprozentig basenbildend – ohne Kompromisse. Alle Nahrungsmittel, die Sie zu sich nehmen, müssen im Körper Basen bilden oder neutral reagieren (wie zum Beispiel Wasser oder Pflanzenöle). Durch den völligen Verzicht auf Säurebildner können die abgelagerten Säuren endlich mobilisiert und ausgeschieden werden – vorausgesetzt, Sie trinken genug.

Wie funktioniert Basenfasten?

Gesundheit mit Genuss

Genuss ist untrennbar mit gutem Essen verbunden. Angeblich schmeckt ja nur ungesundes Essen lecker – dass man beim Basenfasten außer Kartoffeln, Lauch, Karotten und Salat nichts essen darf, ist aber ein Gerücht. Es ist ein Mangel an Fantasie, der in allen Küchen immer dieselben Gerichte entstehen lässt: viel Fleisch, Nudeln, Käse und Sahne. Ab und zu isst man dann ein wenig Salat gegen das schlechte Gewissen. Aber warum sollte gesundes Essen kein Genuss sein? Es gibt Basen-Rezepte, die in einem Festessen völlig unbemerkt bleiben würden! Experimentieren Sie mit der Vielfalt an basischen Lebensmitteln und genießen Sie basisch: Richten Sie die Gerichte appetitlich an, decken Sie den Tisch mit schönem Porzellan, zünden Sie Kerzen an und essen Sie nur mit netten Leuten.

Kauen Sie gründlich!

Wenn Sie wirklich intensiv und langsam kauen, dann steigert sich der Genuss des Essens. Wenn Sie Ihr Essen schnell hinunterschlingen, bekommen Sie den Geschmack kaum mit und können es nicht wirklich genießen.

Mehr trinken, weniger Säure

Das Einhalten der empfohlenen Trinkmengen von zwei bis drei Litern beim Basenfasten fällt vielen Menschen nicht leicht. Doch Wasser durchspült die Lymphe und die Nieren – nur so können unerwünschte Stoffe den Körper verlassen. Das ist nicht nur bei Fasten- und Basenfasten-Kuren wichtig, sondern auch dann, wenn Sie sich »ganz normal« ernähren. Außerdem kurbelt Wasser den Energieverbrauch an. Trinken trägt somit auch zur schnelleren Gewichtsabnahme bei.

Die Basenfasten-Basics

Die Basenpyramide zeigt Ihnen, wie viel von welchen Nahrungsmitteln Sie beim Basenfasten essen dürfen.

Nicht nur die Menge, sondern auch die Qualität Ihrer Getränke entscheidet darüber, wie gut Sie entgiften. Wenn Sie Wert auf wirklich gutes Wasser legen, das auch die Entgiftung unterstützt, dann sollten Sie sich im Reformhaus oder in Naturkostläden umsehen.

Machen Sie den Geschmackstest. Sie werden feststellen: Nach einigen Tagen Basenfasten werden Sie zum Wasserprofi. Wasser schmeckt so unterschiedlich wie Wein – besonders dann, wenn keine Kohlensäure zugesetzt ist.

Besonders empfehlenswerte Wässer sind: Lauretana, ein Hochgebirgswasser, Mont Roucous und Plose.

Wie funktioniert Basenfasten?

Gut zu wissen

Ingwertee-Rezept

Schneiden Sie ein paar Zentimeter einer frischen Ingwerwurzel ab, schälen Sie das Wurzelstück, schneiden Sie es in Stücke und brühen Sie es mit siedendem Wasser auf. Besonders am Morgen belebt Ingwertee, regt den Kreislauf, die Verdauung und das Immunsystem an.

Wenn Ihnen »leeres« Wasser zu langweilig schmeckt, Sie aber keinen Kräutertee mögen, dann ist Ingwertee eine gute Alternative.

Stellen Sie sich für jeden der drei Zeitabschnitte eine Einliterflasche Wasser oder eine Einliterthermoskanne Wasser oder Kräutertee zurecht und nehmen Sie sich vor, bis zum Ende des jeweiligen Zeitabschnitts alles getrunken zu haben. Sie werden sehen: Anfangs müssen Sie zu Beginn der Mittagspause noch »nachtrinken«, aber nach einigen Tagen (besonders zähe Naturen können auch Wochen dazu brauchen) ist Ihnen das Trinken in Fleisch und Blut übergegangen und Sie denken von selbst daran. Dieses Ritual sollten Sie auch nach dem Basenfasten beibehalten.

Wasser müssen Sie übrigens nicht unbedingt kalt trinken – auch warm oder heiß ist Wasser ein »spülendes« Getränk. Im Ayurveda ist es üblich, täglich heißes Wasser in größeren Mengen zu trinken. Der entgiftende Effekt des Wassers wird noch erhöht, wenn Sie das Wasser mindestens 10 Minuten lang kochen lassen. Auch ein Glas heißes Wasser am frühen Morgen gleich nach dem Aufstehen ist empfehlenswert – es regt die Verdauungstätigkeit an.

Kräutertees eignen sich hervorragend fürs Basenfasten – allerdings stark verdünnt, das heißt ein Beutel auf einen Liter

Wasser. Hierfür eignen sich Kräutermischungen, die nur aus einheimischen Pflanzen (ohne Zusätze) bestehen. Wenn Sie während der Basenfasten-Woche einen speziellen Heiltee trinken möchten, beispielsweise Brennnesseltee oder Entschlackungstee, dann trinken Sie pro Tag immer nur eine oder zwei Tassen davon, weil die Wirkung der Tees sonst zu stark wird. Ein Beispiel: Befindet sich etwas Pfefferminze in einer Teemischung, ist das in Ordnung. Sie sollten aber nicht drei Liter Pfefferminztee trinken, auch nicht verdünnt, denn Pfefferminztee in größeren Mengen kann zu Blähungen und Bauchschmerzen führen.

Trinken Sie nur reinen Kräutertee, zum Beispiel »Morgengruß« und »Abendtraum« (Firma Lebensbaum, Naturkostladen), der keine Früchte, Fruchtschalen, Rooibos, Aromastoffe, Farbstoffe und Ähnliches enthält. Fruchtzusätze reagieren im Organismus sauer, Aromastoffe irritieren die Geschmacksnerven und Rooibos kann, in großen Mengen genossen, den Kreislauf schwächen.

Gut zu wissen

Trinken geteilt durch drei

Damit Sie auf die 2–3 Liter kommen, sollten Sie Ihre Trinkmenge gleich auf drei Portionen aufteilen:
- Der erste Liter für den Vormittag bis zur Mittagspause.
- Der zweite Liter für den Nachmittag bis zum Feierabend.
- Der dritte Liter für den Abend.

Wie funktioniert Basenfasten?

Ein reiner Darm macht Basenfasten leichter

Die Darmreinigung ist neben der hundertprozentig basischen Kost das Wichtigste beim Basenfasten. Wenn Sie keine Darmreinigung durchführen, kommt es in den ersten Tagen häufig zu Blähungen und Verdauungsstörungen, auch Kopfschmerzen sind möglich.

Für viele Menschen ist »Darmreinigung« mit Glaubersalz und Einläufen allerdings ein Gräuel und nicht selten ausschlaggebend dafür, dass sie ihr Fastenvorhaben immer wieder verschieben. Jedoch: Fasten, auch Basenfasten, ist eine Entschlackungszeit, und um die Entschlackung richtig in Gang zu setzen, gehört die Darmreinigung einfach dazu. Die meisten Därme sind träge und entleeren sich nicht vollständig, was im Lauf der Zeit zu Ablagerungen und Verklebungen an den Darmwänden führt. Der Grund dafür sind falsche Ernährung, Überernährung und Bewegungsmangel. Auch wenn Sie sich nun eine Woche lang nur von Obst und Gemüse ernähren, kann es sein, dass sich diese Ablagerungen nicht gleich lösen. Durch Basenfasten wird zwar die Zufuhr von Säurebildnern gestoppt, aber der Stoffwechsel steht nicht still. Er wird vielmehr dazu angeregt, eingelagerte Säuren zu mobilisieren. Damit sie dann auch wirklich ausgeschieden werden können, ist aber die Darmreinigung nötig, denn der Darm ist das größte Ausscheidungsorgan.

Regelmäßig reinigen

Während der Basenfasten-Woche ist es empfehlenswert, den Darm alle zwei bis drei Tage zu reinigen. Dafür wird

Die Basenfasten-Basics

traditionell Glaubersalz oder F.X.-Passagesalz verwendet. (Angenehmer schmeckt F.X.-Passagesalz.) Sie binden Wasser, das erst im Darm freigesetzt wird und wirken wie eine Art »Einlauf zum Einnehmen«. Wer nicht gern Salz oder Medikamente schluckt, kann natürlich auch die gängigste Methode schlechthin benutzen: den guten alten Einlauf.

Eleganter geht es mit Darmspülungen, die Sie bei einem Therapeuten durchführen lassen: der Colon-Hydro-Therapie (**www.bcht.de** – hier finden Sie Therapeuten).

Einen Einlauf zu machen ist gar nicht schwer und auch für Berufstätige und sonstige »Eilige«, die nicht riskieren wollen, dass ihr Abführmittel ausgerechnet in einem wichtigen Meeting oder beim Einkaufen anfängt zu wirken, gut geeignet. Hier bestimmen Sie, wann Ihr Darm entleert wird, und Sie können sich in Ruhe darauf vorbereiten. Kaufen Sie sich einen Irrigator (in der Apotheke oder im medizinischen Fachhandel), das heißt ein Wassergefäß mit einem Schlauch daran und – na, das Weitere wird auf der Gebrauchsanleitung des Irrigators ausführlich und mit Bildern beschrieben. Hier erst einmal eine Kurzanleitung:

Legen Sie ein Handtuch auf den Boden Ihres Badezimmers. Füllen Sie den Irrigator mit zwei Liter Wasser von 36–37 °C. Um die Temperatur genau zu bestimmen (37 °C ist eher heiß als lauwarm!), kaufen Sie sich am besten ein Wasserthermometer, wie man es zum Baden von Babys benutzt – gibt's in jeder Drogerie. Legen Sie sich in Seitenlage auf das Handtuch. Fetten Sie das Einführrohr mit etwas Vaseline, Melkfett oder einer anderen unparfümierten Fettcreme ein, führen Sie das Röhrchen vorsichtig wenige Zentimeter in den After ein und öffnen Sie den Zulaufhahn des Irrigators. Das Wasser läuft nun langsam vom Enddarm aus in den gesamten Dickdarm.

Wie funktioniert Basenfasten?

> Wenn Sie zum ersten Mal einen Einlauf machen, kann es sein, dass Sie bereits nach wenigen Millilitern Wasser einen Entleerungsdrang verspüren. Das ist normal, denn der Darm reagiert beim ersten Mal meist etwas »erstaunt«. Sobald die erste kleinere Entleerung des Darmes stattgefunden hat, können Sie mit einer weiteren Füllung des Darmes mit Wasser beginnen. Manchmal sind zwei, drei oder mehr Füllungen nötig, bis der Darm richtig entleert ist. Die ideale Füllmenge für einen Einlauf beträgt 2–3 Liter! Muss aber nicht gleich beim ersten Mal sein – lassen Sie sich und Ihrem Darm Zeit, sich an den ungewohnten Reinigungsprozess zu gewöhnen.

Ganz wichtig:
Geben Sie keine Zusätze in das Einlaufwasser – Wasser ist das beste Reinigungsmittel, alles andere kann den Darm reizen und zu Entzündungen und Verletzungen führen!

Bewegung ist lebenswichtig

Die Bedeutung regelmäßiger Bewegung ist leider immer noch nicht ins Bewusstsein aller Menschen gelangt. Ärzte, Wissenschaftler, Krankenkassen, Gesundheitsbücher und Naturheiler predigen zwar schon seit Jahrhunderten, dass nichts so gesund hält und so nützlich und preiswert ist wie regelmäßige Bewegung und nichts so viele unnötige Beschwerden hervorruft wie chronisches Herumsitzen, aber offenbar hört keiner zu. Und diejenigen, die Bescheid wissen, verhalten sich meist so wie mit gesunder Ernährung: »Ich weiß, ich sollte …« Davon ist allerdings noch keiner fit geworden.

Wenn Sie ein Bewegungsmuffel sind, dann nehmen Sie sich wenigstens für die Basenfasten-Woche ein Bewegungsprogramm vor. Setzen Sie sich täglich ein einziges, leicht erreichbares Ziel, zum Beispiel: »Ich gehe jeden Tag eine Dreiviertelstunde im Park spazieren!« Das genügt völlig.

Für Ihr weiteres Leben gilt: Bewegung muss einfach zu machen und reibungslos in den Alltag zu integrieren sein. Wenn Sie Zeit haben, Schwimmen zu gehen und danach einen Saunabesuch zu machen, ist das natürlich wunderbar. Auch »nur« dreimal um den Block zu gehen ist schon besser als gar nichts! Manchen Menschen hilft es, sich mit einem Freund oder mit einer Freundin zum Sport zu verabreden – dann haben Sie jemanden, der Sie daran erinnert, dass Sie ja eigentlich jeden Tag Bewegung brauchen.

Auch Gymnastik oder Yoga, Tai-Chi und Chi-Gong sind gute Bewegungsprogramme. Der Vorteil dieser Techniken ist, dass dabei die Atmung mit berücksichtigt wird und auch der Geist zur Ruhe kommt. Da gleichzeitig der Stoffwechsel, die Durchblutung und alle Körperfunktionen harmonisiert werden, ist die Wirkung umfassend.

Nur wer nachts schläft, ist tagsüber fit

Gönnen Sie sich in der Basenfasten-Woche genügend Schlaf und Ruhephasen. Durch ausreichende Erholung entsäuern und entgiften Sie Ihren Organismus. Nutzen Sie dieses einfache und sehr effektive Heilmittel der Natur.

Wie funktioniert Basenfasten?

Wichtig

Mäßig, aber regelmäßig

Wichtig ist, dass Sie sich **regelmäßig** bewegen, möglichst an der frischen Luft. Planen Sie dafür jeden Tag 30–45 Minuten ein.

Die beste Erholung bekommen wir im nächtlichen Schlaf. Hier sorgen der Stoffwechsel, vor allem die Leber, für die Entgiftung; Haut und Nervensystem erholen sich vom Tagesstress.

Wenn Sie morgens müde und gereizt aufwachen, kann das an Ihrem Schlafplatz liegen. Möglicherweise befinden sich einfach zu viele elektrische Geräte in der Nähe. Das können Sie leicht selbst herausfinden: Schalten Sie alle elektrischen Geräte aus (ganz aus, nicht nur auf »Stand-by«. Bei manchen Geräten müssen Sie dazu den Stecker ziehen.). Übrigens: Auch Ihr Handy sollte in einem anderen Zimmer übernachten als Sie.

Wenn Sie dann morgens immer noch nicht fit sind, eventuell sogar mit Rücken- oder Kopfschmerzen aufwachen, dann sollten Sie Ihr Bett versuchsweise mal an einen anderen Platz stellen – vielleicht liegen Sie auf einer sogenannten »geopathischen Reizzone«. In manchen Fällen hilft es bereits, das Bett um nur 20–60 Zentimeter zu verschieben.

Gut zu wissen

Tipps für einen erholsamen Schlaf:

- Nehmen Sie sich abends keine »aufregenden« Tätigkeiten mehr vor.
- Wählen Sie eine Beschäftigung vor dem Schlafengehen, die Sie beruhigt und entspannt. So können Sie besser abschalten und einschlafen. Wenn Sie noch ein wenig lesen wollen, dann wählen Sie ein beruhigendes Buch und vor allem: Arbeiten Sie nicht bis spät in die Nacht.
- Wenn Ihnen nachts zu viele Gedanken und zu viele unerledigte Dinge im Kopf herumgehen, dann schaffen Sie sich ein Tagebuch an und schreiben Sie diese Gedanken nieder. So sind die Probleme erst mal »gebannt« – und Sie können in Ruhe schlafen.
- Was auch hilft: ein entspannendes Bad am Abend, ein Aromabad mit Honig und Mandel, ein Ölbad mit Lavendel oder mit Melisse. Wenn Sie am Abend ein Basenbad nehmen (wie das geht, erfahren Sie auf den folgenden Seiten), dann erzielen Sie gleich den doppelten Effekt. Ideal ist es, wenn Sie sich nach dem Basenbad gleich ins Bett legen.

Zehn goldene Regeln fürs Basenfasten

Nicht nur »was«, nämlich Obst und Gemüse, sondern auch »wie« und »wann« sind wichtig, wenn Ihre Basenfasten-Zeit ein voller Erfolg werden soll. Daher nennen wir Ihnen hier zehn goldene Regeln, die dafür sorgen, dass Sie sich beim Gesundwerden auch noch richtig wohlfühlen.

Regel 1: Essen Sie Rohkost nur, wenn Sie sie vertragen!

Dass Rohkost gesund ist, weiß jeder. Wenn Sie Rohkost aber nicht gut verdauen können, dann belastet das Ihren Darm – und das ist nicht gesund. Achten Sie deshalb genau auf Ihren Körper: Wenn Sie oft mit Blähungen oder Schmerzen auf Rohes reagieren, dann sollten Sie das Gemüse lieber schonend dünsten. Wenn Sie hingegen einen robusten Magen haben, dann können Sie rohes Obst und Gemüse natürlich nach Herzenslust verzehren. Aber nur bis 14 Uhr – siehe Regel 2!

Regel 2: Rohkost nur bis 14 Uhr – und nach 18 Uhr gar nichts mehr!

Obst und rohes Gemüse sind nach 14 Uhr schwerer verdaulich. Das hängt mit dem Leberrhythmus zusammen, da die Leber nach 14 Uhr mit ihrer internen Entgiftungsarbeit beschäftigt ist. Das bedeutet: Rohkost, die Sie nach 14 Uhr zu sich nehmen, belastet Ihre Leber! Vermeiden Sie auch, Rohkost nach einer gekochten Mahlzeit zu essen. Die Verdauungszeiten von Rohkost, vor allem Obst, und gekochter Kost sind verschieden. Dadurch kann es leicht zu Blähungen kommen. Essen Sie Obst am besten nur auf nüchternen Magen, also zum Frühstück.

Auch alles, was nach 18 Uhr gegessen wird, überfordert die Leber. Der interne Stoffwechsel der Leber ist in der Nacht besonders aktiv und kann nur, wenn er nicht durch zusätzliche Mahlzeiten gestört wird, für die Entgiftung Ihres Körpers sorgen.

Außerdem landen späte Mahlzeiten direkt auf Ihren Hüften – Sie verbrauchen danach ja kaum noch Kalorien, bevor Sie ins Bett gehen. Hinzu kommt: Mit vollem Magen schläft sich's schlechter.

Regel 3: So naturbelassen wie möglich!
Da beim Erhitzen Vitalstoffe verloren gehen, ist es wichtig, dass Sie Ihre Gemüsegerichte besonders schonend zubereiten. Lassen Sie Gemüse nie ganz weich werden und braten Sie es nicht zu stark an. Am schonendsten können Sie Gemüse im »Gemüsedämpfer« zubereiten. Das ist ein Topf mit einem Siebeinsatz, in dem das Gemüse nicht im Wasser liegt, sondern nur durch den Dampf gegart wird. Das schont die Vitalstoffe und erhält das volle Aroma. Achtung: Ein Gemüsedämpfer ist kein Dampfdrucktopf! Das Dämpfen ohne Druck im Gemüsedämpfer ist weit schonender als im Dampfdrucktopf.

Regel 4: Nicht zu viel!
Die Faustregel heißt: Essen Sie nur so viel wie nötig! Und wenn es noch so basisch ist – zu viel ist immer ungesund. Versuchen Sie langsam und bewusst zu essen und kauen Sie sehr gründlich. Auf diese Weise verhindern Sie, dass Sie Ihr Essen hinunterschlingen und nicht merken, dass Sie eigentlich schon satt sind. Wie viel Sie brauchen, müssen sie selbst herausfinden, denn eines der Basenfasten-Ziele ist, dass Sie Ihre Wohlfühl-Essmenge kennenlernen. Wenn Sie das schaffen, dann wird Basenfasten Ihre gesamte Art, zu essen, verändern!

Regel 5: Keine wilden Mischungen!
Einfacher ist besser. Je weniger Nahrungsmittel Sie mischen, umso intensiver können Sie den Geschmack der einzelnen Zutaten erleben. Das ist ein echter Kick für die Geschmacksnerven – der pure Geschmack der Natur. Deshalb: Verwenden Sie pro Mahlzeit nicht mehr als drei Obst- oder Gemüsesorten.

Wie funktioniert Basenfasten?

Regel 6: Verwenden Sie Gewürze sparsam!

Wenn Sie zu stark würzen, stumpfen Ihre Geschmacksnerven ab. Unter anderem führt das dazu, dass Sie das Gefühl für Sättigung verlieren. Das ist auch der Grund, weshalb Knoblauch und Bärlauch trotz ihrer vielfältigen Gesundheitswirkungen beim Basenfasten nicht zu empfehlen sind. Sie übertönen durch ihr intensives Aroma jeden Gemüsegeschmack. Die optimalen Würzmittel sind Kräuter, vor allem frische Kräuter. Würzen Sie Ihre Speisen zunächst damit und schmecken Sie erst dann mit Salz ab. So halten Sie den Salzverbrauch niedrig. Kräutersalzmischungen sind ebenfalls empfehlenswert. Auch frische Sprossen dienen der Geschmacksverfeinerung.

Regel 7: Essen Sie nur basische Lebensmittel, die Sie auch mögen!

Lassen Sie sich von den verlockenden Obst- und Gemüseangeboten der Saison verführen und kaufen Sie aus dem Bauch heraus das, worauf Sie gerade Lust haben. Es gibt so viele Obst- und Gemüsesorten – wenn Sie die eine oder andere nicht mögen, ist das fürs Basenfasten überhaupt kein Problem. Experimentieren Sie! Es ist immer wieder erstaunlich, wie viele leckere Nahrungsmittel es in der Natur gibt, die man noch nicht kennt. Aber grundsätzlich gilt: Was Ihnen absolut zuwider ist, müssen Sie nicht essen – und wenn es noch so »gesund« ist.

Regel 8: Essen Sie mehr Gemüse als Obst – und zwar nur reifes!

Nur reifes Obst und Gemüse wird basisch verstoffwechselt! Grüne Tomaten und harte Avocados helfen Ihnen kein bisschen beim Entsäuern und können außerdem bei Menschen mit empfindlichem Magen und Darm leicht zu Blähungen und Schmerzen führen. Das ist einer der Gründe, weshalb Sie die Gemüse- und Obstsorten der jeweiligen Jahreszeit bevorzugen sollten – die Chance, dass sie naturgereift sind, ist größer als bei Import- und Treibhausware.

Auch das Verhältnis von Obst zu Gemüse ist wichtig: Der Anteil von Gemüse pro Tag sollte bei 80 Prozent liegen, der Obstanteil bei 20 Prozent. Obst wird am besten vormittags gegessen, Gemüse mittags und abends. Der Grund: Obst enthält viel Zucker, viel Wasser und wird dadurch auch schneller durch die Verdauungswege geschleust als Gemüse. Trifft das Obst im Darm auf noch nicht verdautes Gemüse, dann fängt das Obst an zu gären. Die Gärung erzeugt Blähungen, unter deren unangenehmen Auswirkungen viele Menschen leiden.

Regel 9: Kauen Sie gründlich!

Gut gekaut ist halb verdaut und macht schneller satt. Erfahrungsgemäß ist es ein langer Prozess, bis man (wieder) wirklich langsam und gut kauen gelernt hat. Deshalb: üben, üben, üben! Probieren Sie es mal mit einem dünnen Apfelschnitz: Sie sollten ihn mindestens 30-mal kauen (Fortgeschrittene schaffen 60- bis 80-mal!). Nur das, was Sie mit den Zähnen im Mund richtig zerkleinert haben, kann von Magen und Darm auch richtig verdaut werden. Je länger Sie kauen und damit den Apfel einspeicheln, umso besser kann er danach weiterverarbeitet werden. Da gutes Kauen lange dauert, essen Sie automatisch auch weniger, denn es ist sehr zeitaufwendig und anstrengend, richtig zu kauen. Und es macht schneller satt. Auch frische Obstsäfte sollten Sie Schluck für Schluck langsam »kauen«, damit die Verdauungsenzyme schon im Mund ans Werk gehen können.

Zusatztipp:
Nehmen Sie immer nur kleine Portionen in den Mund – so fällt das gute Kauen leichter.

Wie funktioniert Basenfasten?

Regel 10: Nehmen Sie Ihre Mahlzeiten regelmäßig ein!

Viele Magen-Darm-Probleme rühren von der hektischen und chaotischen Essweise her, die sich bei uns eingebürgert hat. Wir sind jedoch rhythmische Wesen und auch unser Verdauungssystem ist auf einen sanften, regelmäßigen Rhythmus angewiesen: feste Essenszeiten, Ruhepausen und regelmäßige Bewegung.

Übrigens: Auch unsere Entgiftungsfähigkeit unterliegt einer Rhythmik, weshalb es immer Phasen gibt, in denen man besonders viel von Basenfasten profitiert. Wie Sie so eine Phase bei sich erkennen? Ganz einfach: Hören Sie auf Ihren Körper und seine Bedürfnisse. Wenn Sie gerade ein tiefes Bedürfnis verspüren, sich zu entsäuern und zu entschlacken, dann ist das auch der richtige Zeitpunkt.

Mit Basenfasten durch den Tag

Frühstück. Frisches Obst der Saison ist das ideale Frühstück. Je nach Jahreszeit können Sie einfach eine Banane oder einen Apfel essen oder sich ein leckeres basisches Müsli zubereiten. Ein frisch gepresster Saft ist ein besonders vitalstoffreicher Energieschub am Morgen.

Mittagessen. Der tägliche Salat – möglichst roh und mit vielen frischen Kräutern – gehört auf den Mittagstisch (abends würde er nicht mehr richtig verdaut). Wenn Ihnen ein Salat nicht ausreicht, können Sie im Anschluss noch eine kleine Gemüseportion essen, roh oder gekocht. Und wenn Sie keine Rohkost vertragen, dann essen Sie eben einen Salat aus gekochtem Gemüse oder ein Gemüsegericht.

Abendessen. Gestalten Sie das Abendessen (muss bis 18 Uhr im Magen sein!) nicht zu üppig: Eine Gemüsesuppe oder ein kleines gedünstetes Gemüsegericht ist genau das Richtige.

Zwischenmahlzeiten. Wenn Sie zwischendurch Hunger oder Knabbergelüste bekommen, dann trinken Sie erst mal einen Schluck Wasser oder Kräutertee. Wenn das nicht ausreicht, können Sie einige Mandeln, Trockenfrüchte oder Oliven essen.

Getränke

Trinken Sie 2–3 Liter Wasser pro Tag, je nach Jahreszeit warm oder kalt, oder stark verdünnte Kräutertees.

Wie funktioniert Basenfasten?

Darmreinigung
Reinigen Sie Ihren Darm alle 2–3 Tage mit Glaubersalz oder F.X.-Passagesalz, Einlauf oder der Colon-Hydro-Therapie.

Bewegung
Überlegen Sie sich rechtzeitig Ihr tägliches Bewegungsprogramm und planen Sie 30–45 Minuten pro Tag dafür ein.

Wenn Sie ein Bewegungsmuffel sind, dann steigern Sie Ihre sportliche Aktivität langsam. Schwimmen, Walken und Joggen sind gute Sportmöglichkeiten für Anfänger.

Erholung
Schaffen Sie sich Erholungsinseln im Alltag – ein Spaziergang im Wald, eine Ayurvedamassage, ein Basenbad am Abend. Und: Machen Sie Stressinventur! Was stresst Sie am meisten in Ihrem Leben? Was können Sie dagegen tun? Führen Sie Buch darüber, gehen Sie den Ursachen auf den Grund und stellen Sie ein Antistressprogramm auf.

Die Basenfasten-Grundausstattung

- Die folgende basische Grundausstattung stellt sicher, dass Sie immer etwas Basisches griffbereit haben, wenn Sie einmal spät nach Hause kommen und keine Zeit mehr hatten einzukaufen:
- 1–2 kg Kartoffeln
- Äpfel, Bananen
- 1–2 Zitronen

- 1 Glas grüne oder schwarze Oliven
- 1 Glas Olivenpaste oder Pesto ohne Knoblauch
- 1 Glas Rote Bete (milchsauer vergoren)
- Mandeln
- Mandelmus
- verschiedene Sorten Trockenobst
- mineralstoffarmes Wasser (mehrere Liter)
- Kräutertees (ohne Roiboos und Früchtebeimischung)

Wenn Sie Lust bekommen, Ihre Küche dauerhaft auf basischeres und damit auf gesünderes Essen umzustellen, gibt es auch einige Küchengeräte, deren Anschaffung sich lohnt. Das wichtigste Gerät in der basischen, gemüseschonenden Küche ist der Dampfgarer. Damit können Sie jedes Gemüse schnell und besonders vitalstoffschonend zubereiten. Der Dampfgarer besteht aus einem Topf und einem Sieb, das in den Topf hineingestellt wird. Das Gemüse liegt auf dem Sieb, nicht im Wasser, und wird nur durch den Wasserdampf gegart.

Auch eine Gemüsebürste ist eine unverzichtbare Anschaffung. Eine Trüffelreibe oder ein sehr feiner Gemüsehobel ist besonders für Rohkostgerichte empfehlenswert, denn das Aroma der Gemüse wird dadurch intensiver.

Wichtig für die basische Küche ist auch ein Entsafter. Frisch gepresste Obst- und Gemüsesäfte sind eine einfache Möglichkeit, den täglichen Bedarf an Vitaminen und Mineralstoffen zu decken, schnell und ohne großen Aufwand. Achten Sie beim Kauf eines Entsafters darauf, dass Obst und Gemüse darin besonders schonend ausgepresst werden, wie beispielsweise der Green Star (www.keimling.de). Zu große Wärmeentwicklung während des Entsaftens senkt den Vitalstoffgehalt, denn viele Vitamine sind hitzeempfindlich.

Wie funktioniert Basenfasten?

Das Basometer

Es gibt unglaublich viele Obst- und Gemüsesorten, Salate und Kräuter, aus denen Sie sich alles aussuchen können, was Ihnen schmeckt. Trockenobst ist eine ideale Zwischenmahlzeit, solange es ungeschwefelt ist. Salate und frische Kräuter stehen beim Basenfasten täglich auf dem Speiseplan.

Am besten fahren Sie mit Obst und Gemüse der jeweiligen Jahreszeit, denn das hat den besten Reifezustand und ist am frischesten. Exotische Obst- und Gemüsesorten beziehungsweise Obst, das zu einer Jahreszeit angeliefert wird, wo es im heimischen Bereich nicht verfügbar ist, zum Beispiel Kirschen im Dezember, hat einen langen Weg vom anderen Ende der Welt hinter sich oder ist unter Glas kultiviert worden. In beiden Fällen ist der Reifegrad nicht optimal, denn tropisches Obst muss unreif geerntet werden, damit es auf der langen Reise zu Ihnen nicht verdirbt, und Treibhausobst wird, da es nicht unter direktem Sonnenlicht wächst, von vornherein nicht richtig reif. Unreifes Obst aber ist ein Säurebildner und gerade die wollten Sie doch während des Basenfastens vermeiden!

Um Ihnen beim Einkauf zu helfen, hier eine Liste geeigneter und leicht zu beschaffender basischer Nahrungsmittel:

Mit Basenfasten durch den Tag

Obst	
Äpfel	Melonen
Ananas	Mirabellen
Aprikosen	Nektarinen
Avocado	Oliven (grün, schwarz)
Birnen	Orangen
Brombeeren	Pampelmusen
Clementinen	Papayas
Datteln, frische	Pfirsiche
Erdbeeren	Pflaumen
Feigen	Preiselbeeren
Grapefruits	Quitten
Heidelbeeren	Reineclauden
Himbeeren	Rhabarber
Honigmelonen	Stachelbeeren
Johannisbeeren (rot, weiß, schwarz)	Sternfrüchte
Kirschen (sauer, süß)	Wassermelonen
Kiwis	Weintrauben (weiß, rot)
Limetten	Zitronen
Mandarinen	Zwetschgen
Mangos	

Wie funktioniert Basenfasten?

Trockenobst (ungeschwefelt)	
Ananas	Feigen
Aprikosen	Mangos
Bananen	Pfirsiche
Birnen	Rosinen

Gemüse und Pilze	
Algen (Nori, Wakame, Hijiki, Chlorella, Spirulina)	Grünkohl
Auberginen	Gurken
Austernpilz	Karotten
Bleichsellerie (Staudensellerie)	Kartoffeln
Blumenkohl	Kohlrabi
Bohnen, grüne	Kürbisarten
Boviste	Lauch (Porree)
Brokkoli	Mangold
Champignon	Morchel
Chicorée	Mu-Err-Pilze
Chinakohl	Navetten (weiße Rübchen, Teltower Rübchen) Okraschoten
Egerling	Paprika
Erbsen, frisch	Pastinaken
Fenchel	Petersilienwurzel
Frühlingszwiebeln	Pfifferling

Mit Basenfasten durch den Tag

Gemüse und Pilze	
Radicchio	Spitzkohl (Zuckerhut)
Radieschen	Steinpilz
Rettich (weiß und schwarz)	Süßkartoffeln
Romanesco (Blumenkohlart)	Tomaten
Rote Bete	Trüffelpilz
Rotkohl	Weißkohl
Schalotten	Wirsing
Schwarzwurzel	Zucchini
Shiitake	Zuckerschoten (Zuckererbsen)
Spinat	Zwiebeln

Kräuter und Salate	
Basilikum	Eichblattsalat
Bataviasalat	Eisbergsalat
Bohnenkraut	Endivien
Borretsch	Feldsalat
Brennnessel	Fenchelsamen
Brunnenkresse	Friséesalat
Chinakohl	Gartenkresse
Chicorée	Ingwer
Chilischoten	Kapern
Dill	Kardamom

Wie funktioniert Basenfasten?

Kräuter und Salate	
Kerbel	Pfefferminze
Koriander	Piment (Nelkenpfeffer)
Kopfsalat	Portulak (Postelein)
Kreuzkümmel	Radicchio
Kümmel	Romanasalat
Kurkuma (Gelbwurz, Turmeric)	Rosmarin
Lattich	Rucola (Rauke)
Liebstöckel	Safran
Löwenzahn	Salbei
Lollo-Rosso-Salat	Sauerampfer
Lollo-Bionda-Salat	Schnittlauch
Majoran	Schwarzkümmel
Meerrettich	Sellerieblätter
Melde (spanischer Spinat)	Spinat, jung
Melisse	Thymian
Muskatnuss	Vanille
Nelken	Ysop
Oregano	Zimt
Petersilie	Zitronenmelisse
Pfeffer (weiß, rot, schwarz, grün)	Zucchiniblüten

Mit Basenfasten durch den Tag

Sprossen und Keime	
Alfalfa	Linsen
Amaranth	Mungobohnen
Brokkoli	Radieschen
Buchweizen	Reis
Dinkel	Rettich
Fenchelsamen	Rosabi (Kohlrabiart)
Gerste	Rotklee
Hafer	Rucola
Hirse	Sesam (ungeschält)
Kichererbsen	Senf
Koriandersamen	Sojabohnen
Kresse	Sonnenblumenkerne
Leinsamen	Weizen

Nüsse und Samen	
Kürbiskerne	Sesam
Leinsamen	Sesammus (Tahin)
Mandeln	Sesamsalz (Gomasio)
Mandelmus	Sonnenblumenkerne
Mohnsamen	Walnüsse (frische)

Die Basenfasten-Rezepte

Es ist ohne Weiteres möglich, ohne die beliebten Säurebildner wie Fleisch, Fisch, Milchprodukte und Getreide ein wohlschmeckendes Essen zuzubereiten. Zum Reinschnuppern hier eine kleine Auswahl an basischen Rezeptideen. Bevor Sie sich nun Ihre Rezepte für die Basenfasten-Woche zusammenstellen, ziehen Sie einen Saisonkalender zurate und wählen Sie dann die Obst- und Gemüsesorten, die der Jahreszeit entsprechend gerade reif sind.

Rezeptideen zum Frühstück

Basenmüsli

Sie können sich Ihr basisches Müsli ganz nach Belieben selbst zusammenstellen – solange alle Zutaten Basenbildner sind. Verwenden Sie eine bis drei Obstsorten, die zur Jahreszeit passen. Im Sommer und im Frühherbst haben Sie jede Menge Obst- und Beerensorten zur Auswahl. Nur im Februar und März ist die Auswahl an frischem Obst nicht sehr groß: Bananen, Orangen, Ananas und Äpfel. Dafür gibt es viele Trockenfrüchte, die Sie natürlich auch in das Müsli mischen können. Anstelle der Mandeln können Sie auch einen Teelöffel Mandelmus verwenden, Sonnenblumenkerne oder 2 Teelöffel geschroteten Leinsamen.

Zutaten für 1 Portion:
- 1 Banane
- 1 Apfel oder anderes Obst der Saison
- Saft einer halben Zitrone oder Orange
- 3 EL Mandelblättchen

Zubereitung:

Die Banane, den Apfel oder nach Belieben auch anderes Obst zerkleinern. Die Mandelblättchen untermischen. Zitronen- oder Orangensaft dazugeben und kurz durchziehen lassen.

Zubereitungszeit: 10 Minuten

Ananas-Himbeer-Frühstück (Sommer)

Eine beliebte Alternative zum morgendlichen Müsli ist das Obstfrühstück. Im Sommer bereitet man es mit frischen Himbeeren und Ananas zu, im Winter mit Äpfeln und Bananen.

Zutaten für 2 Personen:
- 1 kleine reife Ananas
- $1/2$ Schale Himbeeren
- einige Blättchen frische Zitronenmelisse

Zubereitung:

Die Ananas schälen und in kleine Stücke schneiden, die Himbeeren vorsichtig waschen und abtropfen lassen und über die Ananasstückchen verteilen. Mit Zitronenmelisseblättchen verziert servieren.

Zubereitungszeit: 5 Minuten

Mangoshake (Winter/Frühling)

Sie können Ihr Frühstück auch trinken – aber denken Sie daran, dass Sie auch Shakes und Säfte »kauen« sollten!

Wie funktioniert Basenfasten?

Zutaten für 2 Personen:
- 2 reife Mangos
- 2 mittelgroße Saftorangen

Zubereitung:
Die Mangos schälen, Kerne entfernen. Fruchtfleisch in den Mixer geben. Die Saftorangen mit einer Zitruspresse entsaften und den Saft nach und nach zu den Mangos in den Mixer geben.

Zubereitungszeit: 5 Minuten

Frisch gepresster ACE-Saft (Sommer/Herbst)
Wenn Sie einen Entsafter haben, können Sie jeden Morgen den Vitamin-Turbo-Schub einlegen – mit einem frisch gepressten Saft!

Zutaten für 2 Personen:
- 3 Äpfel
- 2 Karotten
- $1/2$ Schale schwarze Johannisbeeren
- 1 EL Sesamöl oder 1 EL Sesamsaat

Zubereitung:
Äpfel und Karotten waschen und zerkleinern. Die schwarzen Johannisbeeren waschen und abtropfen lassen. Abwechselnd Apfelstücke, Karottenschnitze und schwarze Johannisbeeren in den Entsafter geben. Das Öl unter die Saftmischung rühren. Wenn Sie Sesamsaat verwenden, können Sie die Samen mit den Früchten zusammen in den Entsafter geben.

Zubereitungszeit: 9 Minuten

Rezepte für den Mittagstisch

Wichtig ist beim Basenfasten, die Dressings ohne Essig, Knoblauch, Senf und Milchprodukte zuzubereiten.

Mediterranes Dressing

Zutaten für 2 Personen:
- 4 EL Olivenöl (möglichst frisch)
- Saft von 1 Zitrone
- etwas Pepe misto (frisch gemahlene weiße, rote und schwarze Pfefferkörner)
- 1 Prise Meersalz
- einige Blätter Basilikum
- einige Blätter Zitronenthymian
- 1 kleine Zwiebel

Zubereitung:
Die Zwiebel klein schneiden, die Basilikumblätter klein zupfen. Alle Zutaten mischen und gut verrühren. Wenn Sie gerade weder Basilikum noch Zitronenthymian zur Hand haben, können Sie auch andere Kräuter verwenden.

Zubereitungszeit: 5 Minuten

Tomatendressing (Sommer)
Dieses sommerliche Dressing schmeckt gut zu allen grünen Salaten, besonders zu Rucolasalat.

Zutaten für 2 Personen:
- 2 saftige Fleischtomaten oder 4 reife Eiertomaten
- 1 kleine Zwiebel

Wie funktioniert Basenfasten?

- 2 EL Olivenöl
- Saft einer halben Zitrone
- 1 Handvoll Basilikumblätter
- etwas schwarzer Pfeffer
- etwas Salz

Zubereitung:
Die Tomaten waschen und in kleine Würfel schneiden, die Zwiebel schälen und ebenfalls würfeln. Die Hälfte der Basilikumblätter klein hacken und mit Olivenöl, Zitronensaft, Pfeffer und Salz zu einem Dressing verarbeiten. Tomaten und restliche Basilikumblätter untermischen.

Zubereitungszeit: 7 Minuten

Blattsalate der Saison mit Sprossen
Mit den obigen Salatsoßen lassen sich jede Menge Salatvariationen zaubern – aber denken Sie bitte daran, Rohkostsalate nur bis 14 Uhr zu verzehren!

Zutaten für 2 Personen:
- 2 Handvoll Blattsalat der Saison, beispielsweise Eisbergsalat
- 1 Handvoll frische Sprossen wie Kresse- oder Brokkolisprossen
- 1 EL Kürbiskerne oder andere Samen
- Salatsoße (siehe oben)

Zubereitung:
Den Blattsalat waschen, klein zupfen und trocknen lassen oder in einem Küchentuch trocken schleudern. Die Salatsoße mit den Salatblättern vermischen. Die frischen Spros-

sen und die Kürbiskerne oder andere Samen über den Salat streuen.

Zubereitungszeit: 10 Minuten

Salat »Italia« (Sommer)
Dieser Salat vereint Weiß (Champignons), Rot (Tomaten) und Grün (Avocados) – die Farben der italienischen Flagge!

Zutaten für 2 Personen:
- 2 reife Avocados
- 1 Handvoll kleine, knackige Champignons
- 2 reife Tomaten
- 1 Handvoll rote oder grüne Basilikumblätter
- etwas Zitronenthymian
- Tomatendressing (siehe oben)

Zubereitung:
Die Avocados vorsichtig von Schale und Kern befreien und in dünne Scheiben schneiden. Die Champignons säubern, (dazu evtl. mit einem Küchentuch fest abreiben) und in dünne Scheiben schneiden. Die Tomaten waschen und in kleine Würfel schneiden. Die Avocadoscheiben, die Champignons und die Tomatenwürfel in eine Schale geben und die Basilikumblätter darüber verteilen. Das Tomatendressing löffelweise über den Salat geben.

Zubereitungszeit: 12 Minuten

Wie funktioniert Basenfasten?

Rezepte für Mittag und Abend

Basensuppe
Dieses Grundrezept ist ideal für alle, die sich nicht Abend für Abend an den Herd stellen wollen oder können. Es erfordert keine großen Kochkünste, geht schnell und schmeckt immer wieder anders, je nachdem, welche Gemüsesorten Sie verwenden.

Zutaten für 2 Personen
- 1 Gemüsebrühwürfel (ohne Geschmacksverstärker)
- 1 Liter Wasser
- 1 Handvoll frische Kräuter nach Wahl, z. B. Petersilie, Liebstöckel, Kerbel
- 1 mittelgroße Zwiebel
- 1 beliebige Gemüsesorte, beispielsweise 2–3 Kartoffeln

Zubereitung:
Brühwürfel und Wasser in einen Topf geben und erhitzen. Die Zwiebel schälen und fein schneiden, das Gemüse schälen, in dünne Scheiben schneiden und zur Brühe geben. Je dünner Sie die Scheiben schneiden, umso schneller ist das Gemüse gar. Die Kräuter werden erst dazugegeben, wenn die Suppe im Teller ist, damit das Aroma und die Vitalstoffe voll erhalten bleiben.

Zubereitungszeit: 15 Minuten

Dieses Grundrezept können Sie täglich verändern, indem Sie eine andere Gemüsesorte und/oder andere Kräuter verwenden, beispielsweise Kohlrabi, Karotten, Petersilienwurzel, Brokkoli, Lauch, Staudensellerie und Selleriegrün, grüne Bohnen, Grünkohl, Wirsing, Rote Bete …

Austernpilz-Zucchini-Cremesuppe (Sommer/Herbst)

Zutaten für 2 Personen:
- 400 g Austernpilze
- 6 mittelgroße Kartoffeln
- 1 mittelgroße Zucchini
- 1 Schalotte
- einige Blätter Petersilie
- 2 EL Sonnenblumenöl
- etwas weißer Pfeffer
- $1^1/_2$ Liter Gemüsebrühe
- etwas Kräutersalz
- etwas gemahlener Ingwer oder ein etwa nussgroßes Stück frischer, fein gehackter Ingwer
- etwas frisch geriebener Muskat

Zubereitung:
Die Zucchini waschen und in Stücke schneiden. Die Kartoffeln waschen, schälen und in dicke Scheiben schneiden. Die Austernpilze, falls nötig, trocken abreiben und in Scheiben schneiden. Das Öl in einem Topf erhitzen. Die Schalotte schälen, fein hacken und zusammen mit den Austernpilzen andünsten. Die Kartoffeln, die Zucchini und so viel Gemüsebrühe dazugeben, dass die Gemüse bedeckt sind und darin garen können. Die Gewürze dazugeben. Wenn die Gemüse gar sind, pürieren Sie alles mit dem Mixer. Geben Sie dabei noch so viel Gemüsebrühe hinzu, dass Sie eine cremige Suppe erhalten. Abschmecken und eventuell etwas nachwürzen. Die Petersilie waschen, klein schneiden und über die Suppe streuen.

Zubereitungszeit: 20 Minuten

Wie funktioniert Basenfasten?

Basen-Borschtsch (Herbst/Winter)

Borschtsch ist eine russische Spezialität. In Russland kocht man es mit Sonnenblumenöl, aber wir verwenden das aromatischere Kürbiskernöl. Es schmeckt so intensiv, dass Sie fast keine anderen Gewürze brauchen.

Zutaten für 2 Personen:
- 2 mittelgroße Rote Bete
- 2 große Kartoffeln
- 1 kleiner Weißkohl
- 1 Zwiebel
- 3 EL Kürbiskernöl
- 1 Liter Gemüsebrühe (aus rein vegetarischen Brühwürfeln ohne Geschmacksverstärker)
- etwas Pfeffer
- etwas Kräutersalz, Piment und frisch gemahlener Koriander

Zubereitung:

Kartoffeln und Rote Bete schälen, in kleine Würfel oder dünne Scheiben schneiden und in der Gemüsebrühe zum Garen aufsetzen. Die Zwiebel schälen und klein würfeln. Den Weißkohl waschen und in dünne Streifen schneiden. In einem zweiten Topf die Zwiebelwürfel zusammen mit den Weißkohlstreifen im Kürbiskernöl schwach andünsten und nach etwa 10 Minuten zu der Gemüsebrühe geben. Den Gemüseeintopf nun etwa 20 Minuten köcheln lassen, bis alle Gemüse gar, aber nicht zu weich sind. Geben Sie dann die Gewürze hinzu.

Zubereitungszeit: 40 Minuten

Die Basenfasten-Rezepte

Basengemüse – Grundrezept

Die für das folgende Kartoffel-Karotten-Gemüse mit Zwiebeln verwendeten Gemüse können Sie jederzeit gegen andere Gemüsesorten austauschen.

Zutaten für 2 Personen:
- 6 kleine neue Kartoffeln
- 2 mittelgroße Karotten
- 1 kleine Zwiebel
- etwas weißer Pfeffer
- etwas Kräutersalz
- 2 EL Olivenöl
- 1 Handvoll Petersilie

Zubereitung:
Die Kartoffeln waschen, schälen und in kleine Würfel schneiden. Die Karotten unter fließendem Wasser mit einer Gemüsebürste schrubben und ebenfalls in kleine Würfel schneiden. Die Petersilie waschen und klein hacken. Die Gemüse – möglichst im Gemüsedämpfer – bissfest garen. Die Zwiebel fein würfeln und im Olivenöl glasig dünsten. Das Gemüse in der Zwiebel-Öl-Mischung und der Petersilie wenden, aber nicht mehr erhitzen. Mit den Gewürzen abschmecken und servieren.

Zubereitungszeit: 15 Minuten

Ratatouille (Sommer)

Dieses Gemüsegericht stammt aus der südfranzösischen Provence, wird dort aber ohne Sprossen zubereitet.

Zutaten für 2 Personen:
- 1 Aubergine
- 2 Zucchini

Wie funktioniert Basenfasten?

- 5 kleine Tomaten
- 2 kleine Zwiebeln
- 1 Schälchen Rucolasprossen
- 3 EL Olivenöl
- $1/2$ TL Thymianblätter (frisch oder getrocknet)
- $1/2$ TL Oregano (frisch oder getrocknet)
- 1 Prise Meersalz
- $1/2$ Gemüsebrühwürfel
- 1 Tasse heißes Wasser

Zubereitung:
Die Aubergine waschen und in Scheiben schneiden. Die Zucchini waschen und in nicht zu dicke Streifen schneiden. Die Tomaten achteln. Die Zwiebeln schälen und in Ringe schneiden. Das Olivenöl in einem Topf erhitzen und die Zwiebeln darin glasig dünsten. Auberginen und Zucchini zugeben und leicht andünsten. Den Gemüsebrühwürfel im Wasser auflösen und nach und nach zu der Gemüsemischung geben. Auf kleiner Flamme köcheln lassen, kurz vor dem Servieren die Gewürze und die Tomatenachtel dazugeben. Mit Rucolasprossen überstreuen, servieren.

Zubereitungszeit: 35 Minuten

Selleriegemüse mit Brokkoli (Sommer/Herbst)

Achtung: Für dieses Gericht brauchen Sie einen Gemüsedämpfer!

Zutaten für 2 Personen:
- 1 kleine Knollensellerie
- einige Brokkoliröschen
- 1 EL Mandelblättchen

- 2 EL Sonnenblumenöl
- etwas Kräutersalz
- etwas weißer Pfeffer

Zubereitung:
Den Sellerie schälen, waschen und in dünne Streifen schneiden. Die Brokkoliröschen waschen. Zuerst die Selleriestreifen in das Sieb des Gemüsedämpfers legen, nach wenigen Minuten die Brokkoliröschen dazugeben. Die beiden Gemüsesorten sollen getrennt liegen. Die Gewürze mit dem Sonnenblumenöl vermischen. Die gegarten Selleriestreifen mit der Öl-Gewürz-Mischung vermengen. Die Gemüse getrennt voneinander auf einem Teller anrichten. Brokkoliröschen mit Mandelblättchen bestreuen.

Zubereitungszeit: 20 Minuten

Auberginen-Pilz-Auflauf (Sommer/Herbst)
Statt Kräuterseitlingen können Sie auch die zu allen Jahreszeiten erhältlichen Shiitakepilze oder Champignons verwenden.

Zutaten für 2 Personen:
- 1 große Aubergine
- 1 Handvoll Kräuterseitlinge
- 1 Lauchzwiebel
- 5 Kirschtomaten
- 3 EL Olivenöl
- 1 Zweig Petersilie
- 1 Handvoll frische Basilikumblätter
- etwas Meersalz
- etwas gemischter Pfeffer (weiß, rot, schwarz)
- etwas frisch gemahlener Koriander

Wie funktioniert Basenfasten?

Zubereitung:
Die Aubergine waschen, der Länge nach vierteln und in sehr dünne Scheiben schneiden. Die Auberginenscheiben im Gemüsedämpfer wenige Minuten garen. In der Zwischenzeit die Lauchzwiebel klein schneiden, die Kräuterseitlinge säubern und in Scheiben schneiden und beides in 2 Esslöffel Olivenöl andünsten. Petersilie und Basilikumblätter waschen und klein schneiden, zur Zwiebel-Pilz-Mischung geben und mit den Gewürzen abschmecken. Eine Auflaufform mit dem restlichen Olivenöl auspinseln und mit den Auberginenscheiben auslegen. Die Pilz-Kräuter-Mischung darauf verteilen. Die Kirschtomaten waschen, vierteln, über die Mischung geben und im Backofen noch einige Minuten überbacken.

Zubereitungszeit: 25 Minuten

Ofenkartoffeln mit Zitronenthymian
Mit sechs Kartoffeln ist dieses Gericht ein Snack, mit zwölf ein Hauptgericht für zwei Personen. Wenn Sie keinen Zitronenthymian bekommen (den es nur im Topf gibt), dann können Sie auch getrockneten normalen Thymian verwenden.

Zutaten für 2 Personen:
- 6–12 kleine neue Kartoffeln
- 1 EL frische Zitronenthymianblättchen
- 2 EL Olivenöl
- etwas Kräutersalz
- 1 Prise frisch gemahlener schwarzer Pfeffer

Die Basenfasten-Rezepte

Zubereitung:
Neue Kartoffeln haben eine so dünne Schale, dass sie nicht geschält werden müssen. Die Kartoffeln mit der Gemüsebürste unter fließendem Wasser schrubben, abtrocknen und halbieren. Zitronenthymianblättchen von den Stängeln abstreifen, mit dem Kräutersalz und dem Pfeffer mischen. Die Kartoffelschnittflächen mit der Olivenöl-Kräuter-Mischung bestreichen. Die Kartoffeln im Backofen bei 190 °C etwa 15 Minuten kross, aber nicht zu braun werden lassen.

Zubereitungszeit: 15 Minuten

Zucchini mit schwarzen Oliven (Sommer/Herbst)
Die besten schwarzen Oliven für dieses Gericht sind Sevillanas (aus Spanien) oder Kalamatas (aus Griechenland).

Zutaten für 2 Personen:
- 2 kleine Zucchini
- 8–10 schwarze Oliven
- 5 Kirschtomaten
- 1 Lauchzwiebel
- 3 EL Olivenöl
- etwas frisch gemahlener gemischter Pfeffer (weiß, schwarz, rot)
- 1 Prise Meersalz
- 1 kräftige Prise Herbes de Provence

Zubereitung:
Die Zucchini waschen, abreiben und in sehr dünne Scheiben schneiden. Die Zwiebel waschen und klein würfeln. Das Olivenöl erhitzen und Zwiebel und Zucchinischeiben bei mittlerer Hitze dünsten. Mit den Gewürzen abschmecken. Die Oliven entkernen, in Scheiben schneiden

Wie funktioniert Basenfasten?

und dazugeben. Die Kirschtomaten waschen, vierteln und erst am Ende der Garzeit zur Zucchini-Oliven-Mischung geben, so dass sie angewärmt, aber nicht gekocht werden.

Zubereitungszeit: 12 Minuten

Snacks und Naschereien

Wohlgemerkt: Sie *müssen* nicht naschen! Greifen Sie erst einmal zur Wasserflasche oder zu einem Tee und trinken Sie ein paar Schlucke. Oft ist das Gelüst dann verschwunden. Aber wenn Sie wirklich der kleine Hunger zwischendurch plagt, dann beruhigen Sie Ihren Magen mit einer kleinen basischen Leckerei.

Vormittags können Sie einfach etwas Obst oder rohes Gemüse essen. Besonders geeignet, weil magen- und leberfreundlich, sind Karotten. Auch ein frisch gepresster Obst- oder Gemüsesaft oder ein im Mixer zubereiteter Fruchtshake sind geeignete Basensnacks, ebenso wie ungeschwefeltes Trockenobst und Mandeln.

Nachmittags sind ebenfalls Mandeln oder Trockenobst eine gute Zwischenmahlzeit. In südlichen Ländern ist es üblich, eine Handvoll Kürbis- oder Sonnenblumenkerne zu knabbern. Grüne und schwarze Oliven sind besonders zu empfehlen, weil sie sehr basisch sind. Essen Sie nachmittags nach 14 Uhr kein frisches Obst und keine Rohkost mehr. Hervorragend sind auch Basenplätzchen (Rezept siehe nächste Seite).

Basenplätzchen

Schmecken süß ohne Zucker, machen satt ohne Getreide und sind cremig ohne Sahne!

Zutaten für 2 Personen:
- 50 g gemahlene Mandeln
- 25 g gehobelte Mandeln
- 1 EL Sonnenblumenöl
- 60 g Rosinen
- 30 g Trockenpflaumen
- 30 g Trockenaprikosen
- 30 g Trockenfeigen

Zubereitung:

Die Hälfte der Rosinen mit dem Öl und 1 EL Wasser im Mixer pürieren. Pflaumen, Aprikosen und Feigen klein schneiden, mit den Mandeln und der Rosinencreme mischen, gut durchkneten. Ein Backblech mit Backpapier bedecken und aus dem Teig Häufchen formen. Auf der mittleren Schiene im vorgeheizten Backofen bei 160 °C (Umluft) bzw. 190 °C (Ober- und Unterhitze) 15–20 Minuten lang mehr trocknen als backen.

Zubereitungszeit: mit Backzeit 45 Minuten

KAPITEL 4

Meine persönliche Erfolgskontrolle

Basenfasten tut gut, das merken Sie sofort. Wenn Sie allerdings noch etwas genauer kontrollieren wollen, was diese Woche für Sie »bringt«, dann machen Sie die kurz & bündig-Erfolgskontrolle!

Die kurz & bündig-Erfolgskontrolle

Sicher haben Sie schon nach wenigen Tagen gespürt, wie sich Körper und Seele entspannt haben. Machen Sie Ihr Gefühl greifbar – mit der kurz & bündig-Erfolgskontrolle!

kurz & bündig-Erfolgskontrolle: Wie gut entsäuern Sie?

Sie sollten die Erfolgskontrolle mit dem unten stehenden »Säurefragebogen« nicht zu früh machen – es kann sein, dass Ihr Körper auf die Säureausleitung zunächst mit einer Erstverschlechterung reagiert. All die Gifte, die er nun loswird, zeigen sich dann an den Ausscheidungsorganen. Die Haut kann unrein werden, die Zunge weiß, gelb, grau oder braun belegt sein. Auch Kopfschmerzen oder Verdauungsstörungen kommen vor. (Beherzigen Sie die »zehn goldenen Regeln des Basenfastens«, dann beschränken sich diese Beschwerden auf ein Minimum.) Unterstützen Sie Ihren Körper bei der Ausscheidung der Säuren, indem Sie öfter ein Basenbad nehmen, mindestens drei Liter Wasser pro Tag trinken und den Darm regelmäßig reinigen.

Säurefragebogen

	ja	nein
Werden die Augen klarer?		
Wird die Haut reiner, weicher, glatter?		
Verschwindet der Zungenbelag?		
Schlafen Sie besser, ruhiger und entspannter?		
Wachen Sie ausgeruhter auf?		
Fühlen Sie sich tagsüber leistungsfähiger?		
Können Sie sich besser konzentrieren?		
Haben Sie regelmäßiger Stuhlgang, ist der Stuhl besser geformt? Verändert sich der Stuhl in Farbe und Geruch?		
Haben Sie weniger Blähungen?		
Verändert sich der Urin in Farbe und Geruch?		
Verspüren Sie weniger Schmerzen in den Gelenken und der Wirbelsäule?		
Haben Sie weniger Kopfschmerzen oder Benommenheitsgefühle?		
Fühlen Sie sich ruhiger und entspannter?		
Reagieren Sie weniger häufig mürrisch oder gereizt?		
Fallen Ihnen Dinge, die Sie sonst belasten, leichter?		
Haben Sie an Körperfett verloren bzw. haben Sie abgenommen?		

Je mehr Fragen Sie mit »Ja« beantworten können, desto erfolgreicher war die Entsäuerung.

Meine persönliche Erfolgskontrolle

kurz & bündig-Erfolgskontrolle: Wie sieht Ihr Basenprofil aus?

Die Entsäuerung können Sie auch ganz »wissenschaftlich« messen. Zwar nicht da, wo die Säuren im Körper eingelagert sind (dazu müsste man zum Arzt gehen und der würde eine relativ aufwendige Messung machen, wie sauer Ihr Blut ist und welche Menge an Säure es noch aufnehmen könnte, ohne dass Sie krank werden), aber zumindest da, wo sie herauskommen: im Urin. Das geht ganz einfach, mit Teststreifen aus der Apotheke, sogenanntem Indikatorpapier. Diese Papierstreifen werden in den Urinstrahl gehalten und verfärben sich durch dessen Säuregehalt. Auf einer mitgelieferten Farbskala kann man dann den Säurepegel ablesen.

Ein bisschen aufwendiger ist der Ablauf der Messung: Sie müssen nämlich mehrmals am Tag messen. Der Säurepegel des Urins ist, wie so viele Vorgänge im Körper, einem Tagesrhythmus unterworfen, außerdem verändert er sich, wenn Sie etwas essen. Morgens, auf nüchternen Magen, ist der Urin am sauersten – normal ist ein Wert von etwa pH 6,5. Sobald Sie gefrühstückt haben, wird es basischer im Körper. Ein bis zwei Stunden nach dem Frühstück sollten Sie das nächste Mal messen, dann müsste der Urin einen pH-Wert von mindestens 7,5 haben (ist er basischer – umso besser!). Wenn bis zum Mittagessen noch einmal ein bis zwei Stunden vergehen, steigt der Säurepegel wieder, auf etwa pH 7 und ein bis zwei Stunden nach dem Mittagessen sinkt er wieder auf etwa pH 8. Nachmittags flutet wieder mehr Säure an, auf pH 6,5 bis 7. Durch das Abendessen werden Sie wieder basischer, bis auf etwa pH 7,5, und nachts, wenn Sie schlafen und der Magen immer leerer wird, steigt der Säurepegel wieder auf bis zu pH 6,5.

Die kurz & bündig-Erfolgskontrolle

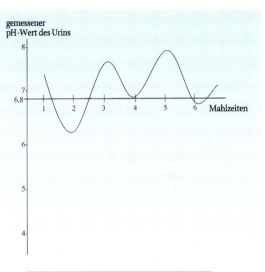

Mahlzeiten	
1	nach dem Abendessen
2	vor dem Frühstück (Morgenurin)
3	eine Stunde nach dem Frühstück
4	vor dem Mittagessen
5	eine Stunde nach dem Mittagessen
6	vor dem Abendessen

Die Schwankungen des pH-Wertes zu den verschiedenen Tageszeiten.

Meine persönliche Erfolgskontrolle

Gut zu wissen

pH: je weniger, desto saurer

Der pH-Wert (»pondus Hydrogenii« = Gewicht des Wasserstoffs) gibt an, wie viele Wasserstoffionen in einer Flüssigkeit sind. Da Wasserstoffionen basisch wirken, ist der pH-Wert umso größer, je basischer eine Flüssigkeit ist. Säuren und Basen sind chemische Gegenspieler, das bedeutet, je mehr Basen in einer Flüssigkeit sind, desto weniger Säuren sind darin, und umgekehrt. Steigt daher der Säurepegel, wird das »Gewicht des Wasserstoffs« kleiner: Der pH-Wert sinkt.

Die Messung des pH-Werts ist zweifellos interessant – notwendig dafür, den Erfolg Ihrer Basenfasten-Woche zu überprüfen, ist sie nicht unbedingt. Wichtig für Sie ist ja in erster Linie, ob Sie sich danach wohler fühlen, und das überprüfen Sie am besten, indem Sie die Unterschiede im Befinden »vorher« und »nachher« vergleichen.

kurz & bündig-Erfolgskontrolle: Was hat sich verbessert?

Da Basenfasten gegen eine Vielzahl von Beschwerden hilft, ist es natürlich am besten, Sie machen Ihre eigene individuelle Erfolgskontrolle. Wer Basenfasten macht, um damit ganz bestimmte Beschwerden zu lindern bzw. zum Verschwinden zu bringen, kann so ganz gezielt überprüfen, ob die Symptome verschwunden sind oder zumindest, wie weit sie sich gebessert haben. Die folgende Tabelle hilft Ihnen dabei:

Die kurz & bündig-Erfolgskontrolle ◀

Vor dem Basenfasten

Welches Problem?	Wie stark?	Wie häufig?	Wann? (Tageszeit, Umgebung, Ereignisse ...)
Beispiel: Kopfschmerzen	mittelstark bohrend, dumpf	jedes Mal	morgens beim Aufstehen

Nach dem Basenfasten

Welches Problem?	Wie stark?	Wie häufig?	Wann? (Tageszeit, Umgebung, Ereignisse ...)
Beispiel: Kopfschmerzen	schwach, nur leichtes Druckgefühl	1–2-mal pro Woche	morgens beim Aufstehen

KAPITEL 5

Was kann ich sonst noch tun?

Basenfasten ist mehr, als nur die Ernährung für eine Woche auf hundertprozentig basisch umzustellen. Neben Darmentleerung und täglicher körperlicher Bewegung gibt es ein Rahmenprogramm, das Basenfasten zu einem echten Erlebnis macht.

Bewegung bringt Körper und Seele in Schwung

Nehmen Sie sich morgens vor dem Aufstehen ein paar Minuten Zeit für einige Yogaübungen. Das dehnt die tief liegende Muskulatur und bringt die inneren Organe ins Gleichgewicht. Und: Sie starten viel ausgeglichener in den Tag. Wenn Sie alle Übungen machen, die wir Ihnen hier vorstellen, brauchen Sie etwa 30 Minuten. Sie können aber auch nur einige von ihnen ausführen. Wichtig ist, dass Sie ganz langsam in die einzelnen Positionen gehen und dabei auf die Atmung achten.

Geschmeidigkeit und Harmonie durch Yoga

Das Krokodil

Mit dieser Übung entspannen Sie die tiefen Muskelschichten des unteren Rückens: Legen Sie sich auf den Boden, breiten Sie die Arme in Schulterhöhe seitlich aus und winkeln Sie die Beine an. Atmen Sie tief ein. Die Knie aneinanderdrücken und nach rechts sinken lassen. Den Kopf auf die andere Seite drehen, dabei sollte der gesamte Oberkörper am Boden bleiben. Fünf Atemzüge halten, dann den Kopf langsam wieder zur Mitte drehen und danach die Beine wieder gerade stellen. Dasselbe in die andere Richtung ausführen und ebenfalls fünf Atemzüge halten.

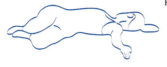

Die Schulterbrücke

Legen Sie sich auf den Rücken, die Arme liegen gestreckt und parallel zum Körper mit den Handflächen nach unten. Winkeln Sie die Knie an und stellen Sie die Füße nahe dem Gesäß auf den Boden, die Knie berühren sich. Heben Sie Becken und Rücken langsam vom Boden ab. Verweilen Sie so lange wie möglich in dieser Haltung und atmen Sie dabei ruhig und gleichmäßig. Senken Sie das Becken langsam wieder auf den Boden ab, indem Sie von den Halswirbeln aus Wirbel für Wirbel langsam abrollen.

Der Baum

Sie stehen aufrecht und stützen einen Fuß auf der Innenseite des gegenüberliegenden Oberschenkels ab. Wenn Ihnen das (noch) zu schwierig ist, auch nur auf dem Knie oder der Wade. Die Arme heben und dabei die Handflächen zusammenlegen. 10- bis 20-mal ruhig und entspannt ein- und ausatmen. Dann die Seite wechseln.

Der Drehsitz

Setzen Sie sich aufrecht auf den Boden, den Rücken dabei gerade halten. Das rechte Bein wie beim Schneidersitz anwinkeln. Das linke Bein über das rechte Bein führen und dort abstellen. Den Oberkörper nach links drehen. 5- bis 8-mal ruhig ein- und ausatmen, danach die Seite wechseln.

Was kann ich sonst noch tun?

Die Verneigung

Der Berg ist die Ausgangsstellung aller Übungen im Stehen. Stellen Sie sich aufrecht hin. Halten Sie die Füße geschlossen und richten Sie die Wirbelsäule auf. Dabei atmen Sie tief in den Brustkorb hinein. Anschließend führen Sie die Hände vor den Brustkorb und pressen die Handflächen fest aufeinander, dabei atmen Sie ein. Nun strecken Sie die Arme über den Kopf und atmen dabei bewusst aus.

Aus der Berghaltung heraus heben Sie die Arme über den Kopf und senken sie beim Ausatmen ab. Lassen Sie Ihren Oberkörper so lange absinken, bis Ihr Kopf die Knie berührt. Die Hände legen Sie neben die Füße flach auf den Boden. Sollte die Spannung in den Beinen zu stark werden, können Sie die Knie leicht beugen.

Aus der Verneigungsposition machen Sie mit dem rechten Bein einen großen Ausfallschritt nach vorne, und die Knie sollten dabei über dem Mittelfuß stehen. Die Hände setzen Sie neben die Füße flach auf den Boden und das linke Bein strecken Sie durch. Achten Sie darauf, dass Sie den Oberkörper nicht auf dem Bein ablegen und, dass Sie Ihren Rücken nicht rund machen.

Bewegung an der frischen Luft

Schon ein simpler Spaziergang oder eine Fahrradfahrt durch den Wald oder Stadtpark ist sehr erholsam. In der Natur können Sie sich wieder sammeln – Bewegung an der frischen Luft tut Körper und Seele gut.

Schwimmen

An Tagen, an denen Sie etwas mehr Zeit haben, oder am Wochenende: Gehen Sie schwimmen – auch das unterstützt die Entsäuerung und kurbelt den Stoffwechsel an. Regelmäßig ein- bis zweimal in der Woche zu schwimmen ist die ideale Kombination von körperlicher Bewegung und Entspannung. Wenn Sie die Gelegenheit dazu haben, dann gehen Sie in ein Thermalbad – dessen Wasserqualität ist meist besser als im »normalen« Schwimmbad.

Wellness in der Basenfasten-Woche

Ziehen Sie sich ab und zu in die Badewanne zurück. In Ihrer privaten Oase können Sie einen kleinen Urlaub vom Alltag nehmen.

Das Basenbad. Basenbäder unterstützen die Entsäuerung beim Basenfasten. Durch die stark basische Badeflüssigkeit werden dem Körper die überschüssigen Säuren, die im Unterhautgewebe eingelagert sind, entzogen. Das Bad macht die Haut außerdem samtweich. Geben Sie etwa 170 Gramm Natriumcarbonat oder Bullrichs Vital-Wellness-Bad (aus der Apotheke) in das warme Badewasser. Bleiben Sie mindestens 20 Minuten in der Wanne. Wenn Ihr Kreislauf

Geeignete Badezusätze

- Basenbad zur Unterstützung der Entsäuerung (s. o.)
- Lavendelbad zum Entspannen
- Wildrosenölbad zur Stimmungsaufheiterung
- Bad mit Meeresalgen zur Entschlackung (Thalasso)

Was kann ich sonst noch tun?

es verträgt, können Sie das Bad sogar bis zu 40 Minuten ausdehnen – je länger Sie baden, umso stärker wird die Säureausscheidung. Wichtig ist, dass Sie danach nicht duschen, sich mit einem Handtuch nur leicht abtrocknen und die Haut nicht eincremen. Die Haut fühlt sich samtweich an und Sie fühlen sich wie neugeboren. Gehen Sie danach gleich zu Bett oder ruhen Sie zumindest 30 Minuten.

Römisch-irisches Bad. Die schönste Belohnung für eine stressige Woche ist ein Wellnesstag, wie er in vielen Bädern und Hotels angeboten wird. Römisch-irische Bäder mit Thermalwasser gibt es in vielen Kurorten. Ein Aufenthalt im römisch-irischen Bad besteht aus mehreren Stationen: Sanarium, Dampfbad, Seifenbürstenmassage, Thermalbad, Thermalsprudelbad, Thermalbewegungsbad. Die Prozedur dauert etwa drei Stunden und schließt mit einer 30-minütigen Ruhephase.

Hamam. Ein anderes wunderbares Baderitual ist das orientalische Reinigungsbad Hamam. Ein Hamam besteht aus mehreren Räumen: einem Vorraum, einem Übergangsraum mit 25–30 °C Wärme und einer Luftfeuchtigkeit von 80–90 Prozent, einem Heißluftraum mit 30 °C und mehr als 90 Prozent Luftfeuchtigkeit und einem Ruheraum. Im Heißluftraum befindet sich in der Mitte ein achteckiger Stein, der sogenannte Nabelstein, auf dem der Hamamtisch, der Bademeister, Massagen durchführt. Nach einer Grundreinigung mit einem Handschuh aus Ziegenleder erfolgt eine 20–30 Minuten lange Massage mit Seifenschaum. Alle Körperteile, auch der Kopf, werden gereinigt und massiert. Danach begibt man sich in den Ruheraum. Inzwischen gibt es auch bei uns »Westlern« in fast jeder größeren Stadt einen allgemein zugänglichen Hamam, oft in großen Hotels oder in den städtischen Bädern.

Sauna. Saunieren ist eine wohltuende Methode, um schnell zu entgiften und dabei den Stoffwechsel anzukurbeln. Besonders Frauen, die viel frieren, profitieren von der Durchwärmung in der Sauna. Übrigens: Nicht nur im Winter, auch im Sommer sollten Sie saunieren. Das stabilisiert das Immunsystem enorm. Lediglich bei Venenproblemen sollten Sie damit vorsichtig sein.

Wenn Sie während des Basenfastens in die Sauna gehen, dann werden Sie möglicherweise feststellen, dass Sie besonders stark schwitzen oder dass Ihr Schweiß unangenehm riecht. Das ist ein Effekt der Entsäuerung durch das Basenfasten und völlig normal.

Massage. Gönnen Sie sich ab und zu eine Massage – ideal ist sie in Kombination mit einem Saunagang. Rückenmassage, Ganzkörpermassage oder Fußreflexzonenmassage wirken direkt auf das Bindegewebe und kurbeln so den Stoffwechsel an. Und wenn Sie sich etwas ganz besonders Gutes tun wollen: Gönnen Sie sich eine ayurvedische Massage. Ayurveda, die traditionelle indische Gesundheitslehre, ist in den vergangenen Jahren bei uns sehr in Mode gekommen und hat sich vor allem im Wellnessbereich vieler Hotels etabliert. Vor allem die Synchronmassage, eine vierhändige Ganzkörpermassage, ist Entspannung pur – zwar nicht ganz billig, aber so gut wie ein Kurzurlaub. Gleichzeitig wirkt die Synchronmassage sehr entschlackend. Nach einer Vierhandmassage planen Sie besser nichts mehr für denselben Tag ein – sie ist so entspannend, dass Sie wahrscheinlich lieber schlafen wollen!

Wie geht's weiter – nach Basenfasten?

Basenfasten forever? Das funktioniert nicht – der Mensch braucht nun mal Proteine, auch wenn daraus im Körper Säuren entstehen. Aber Basenfasten kann für Sie der Einstieg in eine neue, gesündere Lebensweise sein.

Was soll ich im Alltag essen?

Die alltägliche Ernährung sollte ausgewogen und vollwertig sein. Dazu gehört auf alle Fälle Getreide – aber natürlich vollwertiges Getreide, keine Weißmehlprodukte. Vollwertiges Getreide hat noch seine Schale.

Und was ist mit Fleisch, Fisch und Milchprodukten? Milchprodukte sind sicher – in kleinen Mengen – vertretbar. Auch ein Fischgericht einmal die Woche ist im Rahmen einer ausgewogenen Ernährung zu empfehlen. Bei Fleisch und vor allem Wurst sieht die Sache schon ein bisschen anders aus: Seit Jahren häufen sich Studienergebnisse, die belegen, dass Vegetarier länger leben und seltener an zivilisationsbedingten Krankheiten wie Arteriosklerose, Bluthochdruck, Herzinfarkt, Gicht und Rheuma leiden. Wenn Sie sich nicht viel aus Fleisch und Wurstwaren machen, dann ist es wahrscheinlich das Beste, Sie essen so wenig wie möglich davon. Sie leben mit zu wenig Fleisch in jedem Fall gesünder als mit zu viel. Dasselbe gilt für Milchprodukte.

Wenn Sie sich »gekonnt« vegetarisch ernähren, mit viel Obst, Gemüse, Getreide, Nüssen, Sprossen, Samen und Kräutern, dann ist eine vollwertige Ernährung gesichert. Wichtig ist viel Abwechslung, nach dem Motto der Ernährungswissenschaftler: »Essen Sie bunt!«

Wie geht's weiter – nach Basenfasten?

Das Langzeitprogramm: überwiegend basisch

Beim Basenfasten gibt es kein vorsichtiges Fastenbrechen wie beim traditionellen Fasten – Sie haben ja immer etwas gegessen, nämlich viele schöne Basenbildner. Sobald Sie die Basenfasten-Woche beendet haben, beginnen die Aufbautage und damit auch schon die Ernährungsweise nach dem Basenfasten.

Mit welchen Nahrungsmitteln können Sie nach dem Basenfasten wieder einsteigen? Wenn Sie Ihren Erfolg erhalten möchten, dann sollten Sie Säurebildner nur langsam wieder in den Speiseplan aufnehmen. Getreide und Getreideprodukte können zuerst wieder auf den Speiseplan. Aber achten Sie darauf, den Verzehr von tierischen Lebensmitteln nicht zu übertreiben, denn sie belasten in hohen Mengen den Stoffwechsel und die Verdauung. Sojaprodukte sind eigentlich keine Säurebildner, aber durch ihre hohe Eiweißkonzentration schwer verdaulich. Deshalb sind sie bei Basenfasten nicht erlaubt und Sie sollten Magen und Darm Zeit geben, sich wieder daran zu gewöhnen.

Am besten wäre es natürlich, Sie ließen Punkt 9 bis 13 auf dieser Liste ganz weg. Aber das kostet schon große Überwindung. Wichtig ist erst einmal, dass Sie nicht schon nach kurzer Zeit wieder fast nur Säurebildner auf Ihrem Teller haben und man die Basenbildner mit der Lupe suchen muss.

Entscheidend für Ihren langfristigen Erfolg ist das Verhältnis der säuren- und basenbildenden Lebensmittel. Höchstens 20 Prozent sollten die Säurebildner ausmachen, 80 Prozent hingegen Basenbildner. Im Klartext heißt das: Mehrmals täglich gehören Obst und Gemüse auf den Teller

Was kann ich sonst noch tun?

Gut zu wissen

Säurebildner sanft einschleichen

In dieser Reihenfolge können Sie nach dem Basenfasten die Nahrungsmittel wieder in den Speiseplan aufnehmen:
- Vollkorngetreide: Getreideflocken – gekochtes Getreide – geschrotetes Getreide – Vollkornnudeln – Brot
- Sauer wirkende Gemüse und Hülsenfrüchte wie Rosenkohl, Artischocken, Linsen
- Sojaprodukte
- Milchprodukte, Käse, Butter, Joghurt
- Weißmehlprodukte, Nudeln, Pizza
- Fisch
- Geflügel
- Fleisch vom Rind, Schwein, Kalb, Wild, Lamm, Ziege
- Wurstwaren
- Süßigkeiten
- Kaffee, Schwarztee
- Limonaden, Cola, andere Softdrinks
- Alkohol

– essen Sie davon so viel wie möglich. Fleisch, Kaffee, Alkohol, Weißmehlprodukte, Süßigkeiten, Milchprodukte dagegen sollten immer seltener auf den Tisch – essen bzw. trinken Sie davon so wenig wie möglich. Das ist die Ernährung nach der sogenannten 80:20-Regel.

Nehmen Sie sich nicht zu viel auf einmal vor. Lassen Sie sich mit der Umstellung etwas Zeit. Sie haben in dieser Woche Umdenken gelernt. Setzen Sie sich deshalb für jede Basenfasten-Woche ein Ziel. Nehmen Sie sich beispielsweise dieses Mal vor, dass Sie danach nur noch einmal pro Woche Süßigkeiten essen oder nur noch einmal pro Woche Fleisch oder Wurst oder nur noch eine Tasse Kaffee am Tag trinken – wo immer Sie Ihre schlimmsten Säuresünden sehen. Auf diese Weise werden Sie nicht gleich von ihrem schlechten

Wie geht's weiter – nach Basenfasten?

Gut zu wissen

Die 80 : 20-Regel

- 80 Prozent der Nahrungsmittel sollten Basenbildner wie Obst und Gemüse sein.
- Nur 20 Prozent der Nahrung sollten Säurebildner sein.

Gewissen überwältigt. Wenn Sie die Ernährung insgesamt auf »basischer« umstellen, dann sind auch mal kleine »Ausrutscher« problemlos drin.

Wichtig für Ihren langfristigen Erfolg: Seien Sie in Zukunft mit Säurebildnern sehr zurückhaltend: Die Säure-Basen-Pyramide (siehe Abbildung) zeigt Ihnen auf einen Blick, welche Lebensmittel sich nach dem Basenfasten besonders reichlich auf dem Tisch befinden und mit welchen Sie sparsam umgehen sollten. Und: Legen Sie jetzt schon den Termin für die nächste Basenfasten-Woche fest.

Leitlinie für einen gelungenen Tag: Die Säure-Basen-Pyramide.

Immer wieder Basenfasten

Ein- bis zweimal im Jahr Basenfasten für ein oder zwei Wochen ist ideal. Wie viel Zeit zwischen zwei Basenfasten-Programmen liegen sollte, dafür gibt es keine Regel. Zum einen hängt es von Ihrem Gesundheitszustand ab, wann Sie das nächste Mal eine Entsäuerungswoche einlegen. Noch wichtiger aber ist, wann Sie persönlich das Bedürfnis nach einer Basenfasten-Kur haben. Spätestens wenn Sie dieses Bedürfnis verspüren, wird es Zeit, nur noch Gemüse und Obst einzukaufen.

Wenn Sie zu den Menschen gehören, die die Signale ihres Körpers nicht so gut wahrnehmen können (oder wollen), dann planen Sie einfach regelmäßig jedes Jahr ein oder zwei Basenfasten-Wochen ein. Am besten geht das in Zeiten, wo Sie die Möglichkeit haben, es »ein bisschen ruhiger angehen zu lassen« – dann haben Sie mehr davon! Tragen Sie sich den Termin in den Kalender ein – so geht das Vorhaben nicht im Alltagstrubel unter.

Um die Zeit bis zur nächsten richtigen Basenfasten-Kur zu überbrücken, finden Sie nachfolgend eine kleine Hilfestellung, wie Sie mehr Basisches in Ihren Alltag integrieren können.

Gut zu wissen

Drei Fragen für jeden Tag

- Woher bekomme ich heute meine tägliche Ration Obst und Gemüse?
- Wo baue ich heute meine Bewegung ein?
- Wie komme ich heute zu ausreichender Erholung?

Machen Sie diesen kleinen Check jeden Tag – das hilft ungemein. So geht Ihnen das »basische Denken« in Fleisch und Blut über. Denn basisches Denken bezieht sich nicht nur aufs Essen. Auch Bewegung und Erholung gehören dazu – am besten täglich.

Der Basenfasten-Tag zwischendurch

Wenn Sie das Bedürfnis haben, sich zu entsäuern, aber keine Zeit oder keine Gelegenheit für eine ganze Woche Basenfasten haben: Legen Sie einfach hin und wieder einen basischen Tag ein. Das geht ohne große Vorbereitung und entlastet Sie schnell und wirkungsvoll. Ein guter Tag für solche Vorhaben ist ein freier Tag, etwa ein Samstag.

Gut zu wissen

Der Spontan-Basentag

- Morgens: Trinken Sie nach dem Aufstehen ein Glas heißes Wasser von Quellwasserqualität oder eine Tasse Ingwertee. Das reinigt und kurbelt die Verdauung an.
- Essen Sie als Frühstück nur einen Apfel, eine Banane oder trinken Sie einen frisch gepressten Saft. Geben Sie ein oder zwei Karotten in den Saft – Karotten entgiften die Leber.
- Kochen Sie sich die erste Kanne Kräutertee (ein Beutel auf einen Liter Quellwasser) und trinken Sie den Tee bis mittags leer. Sie können aber auch nur Wasser trinken.
- Kaufen Sie sich zwei bis drei Gemüsesorten, auf die Sie Lust haben, und ein bis zwei verschiedene Salate der Saison.
- Mittags bereiten Sie sich einen schönen Rohkostsalatteller aus grünem Salat und Karotten, Navetten oder Rettich mit einem basischen Dressing und frischen

Was kann ich sonst noch tun?

Sprossen. Im Sommer besonders lecker: Tomatensalat mit Basilikum und Oliven.
- Kochen Sie die zweite Kanne Kräutertee, die bis abends geleert sein sollte.
- Machen Sie am Nachmittag einen ausgedehnten Spaziergang, Jogging oder Walken oder gehen Sie schwimmen und anschließend in die Sauna.
- Abends essen Sie noch vor 18 Uhr eine basische Gemüsesuppe oder ein kleines basisches Gemüsegericht. Gehen Sie an diesem Abend früh zu Bett.
- Wenn Sie den Effekt noch verstärken wollen, können Sie am Abend vor ihrem basischen Tag einen Einlauf machen oder den Darm mit Glaubersalz entleeren.

Literatur

Nöcker, Rose-Marie: Körner und Keime, Heyne, München 1983

Schmide, Reiner Otto: Zuhause selbst keimen, Ernährung und Gesundheit, München 1996

Wacker, Sabine, Wacker, Andreas: Gesundheitserlebnis Basenfasten, Haug, Stuttgart 2003

Wacker, Sabine: Allergien – endlich Hilfe durch Basenfasten, Haug, Stuttgart 2004

Wacker, Sabine: Basenfasten: Das 7-Tage-Programm für Eilige, Haug, Stuttgart 2004

Wacker, Sabine: Basenfasten plus, Haug, Stuttgart 2007

Wacker, Sabine: Basenfasten für Sie, Haug, Stuttgart 2005

Wacker, Sabine: In Balance mit Schüßler-Salzen, Haug, Stuttgart 2006

Wacker, Sabine: Basenfasten: Das große Kochbuch, Haug, Stuttgart 2007

*Bibliografische Information
der Deutschen Nationalbibliothek*
Die Deutsche Nationalbibliothek verzeichnet diese Publikation in der Deutschen Nationalbibliografie; detaillierte bibliografische Daten sind im Internet über http://dnb.d-nb.de abrufbar.

Programmplanung:
Dr. Elvira Weißmann-Orzlowski

Redaktion:
Dr. Karin Lindinger

Umschlaggestaltung und Layout:
CYCLUS · Visuelle Kommunikation, Stuttgart, Illustration: Parthena Loenicker

Bildnachweis:
Abbildungen im Innenteil:
Creativ Collection: S. 11; Eigene Bilder der Thieme Verlagsgruppe: S. 26; Jupiter Images: S. 48; Parthena Loenicker: S. 1, 2, 3, 4, 8, 14, 16, 19, 28, 39, 44, 46, 57, 61, 72, 80, 82, 83, 84; Photo Disc: S. 74

Die Ratschläge und Empfehlungen dieses Buches wurden von Autor und Verlag nach bestem Wissen und Gewissen erarbeitet und sorgfältig geprüft. Dennoch kann eine Garantie nicht übernommen werden. Eine Haftung des Autors, des Verlages oder seiner Beauftragten für Personen-, Sach- oder Vermögensschäden ist ausgeschlossen.

© 2007 Karl F. Haug Verlag in MVS Medizinverlage Stuttgart GmbH & Co. KG
Oswald-Hesse-Straße 50,
70469 Stuttgart

Printed in Germany

Satz: Fotosatz Buck, Kumhausen
gesetzt in QuarkXPress 4.1
Druck: Westermann Druck Zwickau GmbH, Zwickau

Geschützte Warennamen (Warenzeichen) werden **nicht** besonders kenntlich gemacht. Aus dem Fehlen eines solchen Hinweises kann also nicht geschlossen werden, dass es sich um einen freien Warennamen handelt.
Das Werk, einschließlich aller seiner Teile, ist urheberrechtlich geschützt. Jede Verwertung außerhalb der engen Grenzen des Urheberrechtsgesetzes ist ohne Zustimmung des Verlages unzulässig und strafbar. Das gilt insbesondere für Vervielfältigungen, Übersetzungen, Mikroverfilmungen und die Einspeicherung und Verarbeitung in elektronischen Systemen.

ISBN 978-3-8304-2257-0

1 2 3 4 5 6

Zutaten fürs erfolgreiche Basenfasten

Lauretana

- Befreit den Körper sanft von Schlacken
- Reine Bioenergie für Körper, Geist und Seele
- Bestens für Babies und Kleinkinder

KEIN URAN

Bücher von Sabine Wacker

- Motivierend und praxisnah

Das Basisbuch:
So stoppen Sie wirksam typische Übersäuerungskrankheiten

€ 14,95 [D] / € 15,40 [A] / CHF 26,20
ISBN 978-3-8304-2075-0

Für jede Situation:
Alle empfehlenswerten Lebensmittel auf einen Blick
€ 7,95 [D] / € 8,20 [A] / CHF 13,90
ISBN 978-3-8304-2225-9

Haug
natürlich gesund
natürlich Haug